Blohm Hypnotherapie und Selbsthypnose

Dr. med. Wolfgang Blohm

Hypnotherapie und Selbsthypnose

Neue Wege bei Ängsten, Schmerzen, Stress und Depressionen

ARISTON

Bibliografische Information Der Deutschen Bibliothek
Die Deutsche Bibliothek verzeichnet diese Publikation in der Deutschen
Nationalbibliografie; detaillierte bibliografische Daten sind im Internet unter
http://dnb.ddb.de abrufbar.

Umschlaggestaltung: Zembsch' Werkstatt, München
Redaktion: Diethild Bansleben, Birkenwerder
Produktion: Maximiliane Seidl
Satz: EDV-Fotosatz Huber/Verlagsservice G. Pfeifer, Germering
Druck: Huber, Dießen
Printed in Germany

ISBN 3-7205-2412-4

Inhalt

Vorwort

von Prof. Dr. Dirk Revenstorf

Dieses Buch ist ein wahres Vergnügen! Ein berufener Fachmann macht die Leser fundiert mit den Möglichkeiten der Hypnose und der Selbsthypnose vertraut, einem Verfahren, das wie kaum ein anderes geeignet ist, zur Linderung und Selbstheilung von Problemen beizutragen, die so viele Menschen im Alltag plagen und oft unsägliches Leiden mit sich bringen – seien es Schlaflosigkeit, Neurodermitis oder Übergewicht. Hypnose hat in den vergangenen 20 Jahren enorm an Popularität und Ansehen gewonnen, was auf die vielseitige Anwendbarkeit und zahlreiche empirische Belege ihrer klinischen Wirksamkeit zurückzuführen ist. Eine Vielzahl von Untersuchungen zeigen, wie Hypnotherapie beispielsweise zur Schmerzbewältigung, aber auch bei psychischen Problemen, insbesondere bei Stress und seinen vielfältigen Folgeerscheinungen effektiv eingesetzt werden kann.

Hypnotherapie und Selbsthypnose leistet einen wichtigen Beitrag, mit den verstaubten Vorstellungen von Hypnose aufzuräumen und ihr den Platz in der Medizin und Psychotherapie zu geben, der ihr als nicht-invasive und kostengünstige Behandlungsmethode gebührt. Hypnose schafft einen natürlichen Zugang zu den eigenen seelischen und körperlichen Heilkräften, und in diesem Buch wird kompetent erklärt, wann man dazu die Unterstützung eines Therapeuten benötigt und wann man mit selbsthypnotischen Maßnahmen allein weiter arbeiten kann. Der erfrischende Schwung der Darstellung und der Optimismus des erfahrenen Arztes Dr. Wolfgang Blohm, der aus seiner vielfältigen Praxis berichtet, geben auch Menschen mit chronischen Beschwerden Hoffnung, den Weg zur Gesundung zu finden. Die Fallbeispiele sind nicht nur spannend und aufschlussreich für das Verständnis des Heilungsprozesses - die klugen Anleitungen zur Selbsthypnose machen es jedermann leicht, eine eigene Trance-Einleitung für ganz spezifische Probleme zu erarbeiten. Somit ist dies nicht nur ein Selbsthilfebuch, sondern auch ein bedeutender Beitrag zu dem so wichtigen Thema der Salutogenese: Wie kann man so mit sich umgehen, dass Stress erst gar nicht zur Krankheit führt? Und wie kann Selbsthypnose als zeitgemäße Meditationsform gepaart mit spezifischem Störungswissen dabei helfen?

Begeben Sie sich also auf eine Reise zu sich selbst. Entdecken Sie dabei Ihre inneren Kräfte und kehren Sie mit ihrer Hilfe zu Wohlbefinden und Lebensfreude zurück.

Einleitung

Hypnose – das klingt wie ein Zauberwort, wie die Eintrittskarte zu Magie und geheimnisumwitterten Ritualen. Vor dem inneren Auge tauchen Bilder auf: Willenlose Menschen, die, in tiefe Trance versunken, die geheimnisvolle Endlosigkeit der eigenen Seele erkunden. Der Außenwelt entrückt, so scheint es, sind sie der Macht eines finster und gebietend hantierenden Hypnotiseurs und seinem Pendel auf Gedeih und Verderb völlig ausgeliefert.

Manche Menschen laufen in einem solchen hypnotischen Zustand über glühende Kohlen, laufen geradezu genüsslich über einen Haufen spitzer Scherben spazieren oder liegen stocksteif – nur auf Hinterhaupt und Fersen – zwischen zwei Stühlen.

Das Wort Hypnose macht Angst und fasziniert doch auch in gleicher Weise.

Im Fernsehfilm oder auf der Kinoleinwand zeigt dann das Grauen sein Gesicht: Auf winzige Zeichen des Bösewichtes hin werden die schrecklichsten Verbrechen ausgeübt, die dem willenlos ausgelieferten Opfer vorab und ganz ohne Wissen auf hypnotische Weise ins Unterbewusstsein eingepflanzt worden sind. Und natürlich kann sich der Verbrecher später dann an nichts erinnern... Die Macht des magischen Meisters mit dem bösen, hypnotischen Blick beherrscht fast alles, und ein Entrinnen gibt es nicht...

Das ist der Stoff, aus dem die Träume sind, und der von den Medien immer wieder gerne genutzt wird. Aber auch wenn Showhypnosen in Deutschland noch immer nicht verboten sind, so sieht die Wirklichkeit doch völlig anders aus.

Hypnose wird als Verfahren zur Heilung von Körper und Seele seit Menschengedenken eingesetzt. War diese Methode in frühen

Jahren Priestern, Schamanen, Heilern, Hexen und Orakeln vorbehalten, so nutzt heute die moderne Psychotherapie in gleicher Weise wie die klassische Medizin die schier unbegrenzten·Möglichkeiten dieses einzigartigen Therapieweges.

Längst schon wird in vielen Ländern an Hochschulen und in Instituten eine umfangreiche Forschungsarbeit betrieben, und die Wirksamkeit der Anwendung ist zweifelsfrei und sehr erfolgreich bewiesen. Statt von Hypnose, die einem Entspannungsverfahren wie dem autogenen Training ähnelt, spricht man nun von **Hypnotherapie**. Auf der Basis von Hypnose werden dabei sehr vielfältige therapeutische Anwendungen möglich, die sich im Alltag von Psychologen und Ärzten wirkungsvoll und erfolgreich zur Behandlung nutzen lassen.

Es ist für jeden ein herrliches Gefühl, etwa eine **Wohlfühltrance** zur Lösung der eigenen Probleme zu nutzen. Fast jeder Mensch nutzt solche Trancen auch ohne Anleitung eines Therapeuten bereits in seinem Alltag als kurze Erholungspause, als Ausflug in eine andere, eine innere Welt. Bilder, Gefühle, Vorstellungen, Erinnerungen, Zukunftsvisionen, aber auch Farben, Geräusche oder Düfte können die Aufmerksamkeit völlig absorbieren. Man nimmt das Umfeld nicht mehr wahr, ist dem inneren Geschehen zugewandt und erlebt alles genau so, als geschähe es tatsächlich im Dort und im Jetzt.

Eine Fahrt mit der U-Bahn kann sehr ermüdend sein, besonders dann, wenn ein anstrengender Arbeitstag von vielen Stunden hinter einem liegt. Alle Menschen rennen hektisch umher, Sie drängeln sich durch eine viel zu enge Tür und haben das große, unverhoffte Glück, einen freien Sitzplatz zu erobern. Dann setzt sich die Bahn in Bewegung, Sie schauen durch das Fenster und sehen, wie in regelmäßigen Abständen die Lichter vorbeigleiten. Das Abrollen der Räder verursacht ein monotones Geräusch, und plötzlich spüren Sie es: Ihnen wird ganz wohlig warm, die Umgebung verschwimmt, und plötzlich räkeln Sie sich in der warmen Badewanne, tauchen ein wenig unter und dann wieder auf, herrliche Entspannung breitet sich im Körper aus. Sie schließen die Augen und atmen tief ein; ganz unvermittelt platzt dann die Ansage des Lautsprechers in dieses wunderbare Entspannungsbad und kündigt die nächste Haltestation der U-Bahn an. Ein Glück eigentlich, sonst wären Sie am Ende noch zu weit gefahren. Deutlich entspannt, ein wenig heiter fast, vielleicht benommen noch, verlassen Sie die Bahn, finden Ihren Weg nach Hause ohne Mühe und wundern sich noch immer, wie kurz die Fahrt war.

In der Hypnotherapie werden diese wunderbaren kreativen Möglichkeiten unter Anleitung des Therapeuten gezielt genutzt, um auf ungewohnt effektive Weise die Ursachen für seelische Störungen zu erkennen und im Anschluss zu beseitigen, um wieder Licht in depressives Dunkel zu tragen, um Ängsten mit Sicherheit endlich Beine zu machen, um die Abwehrkräfte des Körpers wirkungsvoll zu stärken, um dauerhaft den Blutdruck zu senken und um das Leben gelassen und sicher zu gestalten.

Das mutet an wie Zauberei und ist doch das Ergebnis einer gemeinsamen Strategie und Arbeit. Die Basis dafür bildet eine wertschätzende und vertrauensvolle Beziehung zwischen dem Klienten und dem Therapeuten.

Denn jeder Mensch verfügt über fast unbegrenzte Potenziale, die tief im Innern schlummern. Hypnose ebnet den Weg zu diesen Ressourcen, weckt die ungenutzten Kräfte der eigenen Mitte und schafft viele neue Perspektiven.

Selbsthypnose eröffnet diese faszinierenden Möglichkeiten im Alltag auch ohne die Begleitung durch einen Therapeuten. Mit Selbsthypnose ist es möglich, unabhängig und nach eigenen Vorstellungen und Wünschen eine ganz persönliche Wohlfühltrance zu gestalten.

Auf Urlaubsfahrten kann die Erfahrung mit fernen Ländern die Probleme des Alltags für einige Wochen vergessen lassen und erfreuliche Ablenkungen schaffen.

Die abenteuerliche Reise hin zur eigenen Mitte, zum eigenen inneren ICH dagegen ist eine tägliche herrliche Einladung in das

Land der unbegrenzten Möglichkeiten. Dort findet man Wärme und Geborgenheit, Klarheit und auch Sicherheit, und dort gelingt es, die Probleme wirklich zu lösen.

Sie werden Selbsthypnose lieben lernen können!

Noch ein paar Worte zur »Anwendung« des Buches:

Wer den Inhalt dieses Buches aufmerksam liest, wird entdecken, dass ein Teil des Textes kursiv gesetzt ist.

Es ist möglich, dass Sie schon beim ersten Lesen dieser Sätze in eine angenehme, leichte Wohlfühltrance gehen möchten. Mitunter werden Sie diesen Wunsch auch erst verspüren, wenn Sie die kursiven Zeilen mehrfach gelesen haben und sie dann mit geschlossenen Augen noch einmal durch Ihre Gedanken ziehen lassen.

Schon aus diesen Gründen ist es aber nicht sinnvoll, die kursiven Teile des Buches während des Autofahrens zu lesen.

TEIL I

1. Geschichte und Ursprung

Man kann sagen: Hypnose ist so alt wie die Welt. Und das stimmt wohl auch. Aber es ist gar nicht so einfach, Belege dafür anzuführen. Denn der Begriff »Hypnose« (abgeleitet von dem griechischen Wort »hypnos«: Schlaf) stammt erst aus dem letzten Jahrhundert und ist damit noch sehr jung. Und aus der sehr frühen Menschheitsgeschichte gibt es keine schriftlichen Aufzeichnungen, dafür aber existieren Statuen, Zeichnungen, Malereien und Symbole, die verwertbare Hinweise geben.

Unter den sehr frühen Kulturen finden sich bei dem Volk der Sumerer erste Hinweise auf den Einsatz von Hypnose und Heilschlaf. Von den Ägyptern ist bekannt, dass Hypnose in zahlreichen Gebieten Anwendung gefunden hat. Nach Hieroglyphenaufzeichnungen haben die Hohepriester das Verfahren zum Heilen mancher Krankheiten genutzt, zur Kontaktaufnahme mit den Göttern und zur Deutung der Zukunft. Ausführliche Berichte sind von den Hindus vor fast dreitausend Jahren bekannt, in denen die Anwendung der Hypnose und die Vorgehensweise des Hypnotiseurs detailliert festgelegt werden. So wird die Sitzhaltung beschrieben, die Fixierung der Augen auf einen bestimmten Punkt, die Aufforderung sich nach innen zu richten und die Anweisung, bildhafte Vorstellungen zu aktivieren. Eine solche Vorgehensweise entspricht in einigen Teilen auch moderneren Hypnosetechniken.

Im antiken Griechenland existierten bereits Heilzentren, in denen die Anhänger des Aesculap Hypnose gezielt und erfolgreich zur Heilung einsetzten. Dabei sollen den schriftlichen Aufzeichnungen zufolge Erkrankungen wie Lähmungen, Blindheit oder Hauterkrankungen behandelt worden sein. In den Tempeln dieser Zentren wurden dabei auch schon Gruppenbehandlungen durchgeführt. Die

Bedeutung der behandelnden Priester erfuhr eine besondere Aufwertung dadurch, dass man ihre Stimmen über eigens angelegte Schalltrichter in die Behandlungshallen leitete. Dadurch entstand der Eindruck, es wären göttliche Stimmen, die die suggestiv-hypnotischen Anweisungen gaben. In der Antike fanden solche Tempelanlagen auch in anderen geografischen Gebieten weite Verbreitung.

Alle Berichte von und über Hypnose aus diesem Zeitraum weisen viele Gemeinsamkeiten auf: Ihr Einsatz ist immer an Personen gebunden, die in besonderer Weise dafür ausgebildet sind und die eine ausgeprägte Autorität im Glaubenssystem der jeweiligen Gesellschaft besitzen. Meistens handelte es sich dabei um Priester. Es herrschte die Vorstellung, dass über den Kontakt zu Göttern oder anderen religiösen Leitfiguren eine Heilung herbeigeführt werden könnte. Die Behandlung konnte nur an dafür bestimmten geweihten Orten und Plätzen stattfinden und war an rituelle Vorgehensweisen wie Waschungen, Gebete, Gesänge oder Tänze gebunden.

Die Therapie mit Hypnose wurde als gleichwertige, wenngleich – oder vielleicht auch gerade deswegen – auch »kostengünstige« Alternative zur Medizin der damaligen Ärzte betrachtet oder sogar von diesen mit eingesetzt.

Und die Verbreitung der Methode erlaubt neben diesbezüglichen Schriften den Schluss, dass sie erfolgreich gewesen sein muss.

Bei den Naturvölkern ist die Hypnose, wie aus zahlreichen Berichten bekannt geworden ist, von den frühen Anfängen bis in die heutige Zeit regelmäßiger Bestandteil des gemeinschaftlichen Lebens.

Dies ist beispielhaft an einigen Buschvölkern des Amazonas beschrieben, wird von australischen Medizinmännern berichtet, findet sich in Behandlungsriten der Eingeborenen aus British-Guayana und Borneo, und hat eine immense Bedeutung für den Bereich des Voodoo-Anhängertums.

Über die Kontinente hinweg finden sich bei aller Unterschiedlichkeit der Kulturen auch bei den Naturvölkern auffällige Gemeinsamkeiten im Umgang mit der Hypnose: Die Ausübung ist einer kleinen und besonders eingeweihten Schar von Menschen vorbehalten, die sich Medizinmänner, Schamanen oder Heiler nennen und im Rahmen der Gemeinschaft in hohem Ansehen stehen.

Zudem wird eine hohe Erwartungshaltung bei den Klienten erzeugt, indem besondere Plätze zu besonderen Zeiten aufgesucht werden müssen und geheimnisvolle Rituale die hypnotischen Trancen einleiten. Trommelschlagen, rhythmische Gesänge und Tänze kommen neben der Verabreichung berauschender Substanzen und Getränke zur Anwendung.

Über die hypnotische Trance wird Kontakt zu guten und bösen Geistern und Dämonen aufgenommen. Diese werden dann entweder um Rat gebeten oder ausgetrieben. Vielfältige Krankheitsbilder sollen auf diese Weise positiv beeinflusst werden.

Mitte des 18. Jahrhunderts finden sich im deutschen Sprachraum umfangreiche Aufzeichnungen zum Thema Hypnose aus dem Leben und Arbeiten des Arztes und Philosophen Franz Anton Mesmer[1], der in Deutschland und Österreich gewirkt hat. Die Grundlage seiner hypnotischen Tätigkeit bildete die Vorstellung eines Magnetismus, einer physikalischen Energie. Die Veränderungen dieser Energie hatten seinen Grundsätzen zufolge krank machende Wirkungen. So setzte Mesmer allerlei physikalische Hilfsmittel ein, um einen Trancezustand zu erzeugen, die allerdings genauer betrachtet nur jenen rituellen Hintergrund für Tranceeinleitungen bildeten, wie er schon aus der Arbeit mit Hypnosetechniken in der Antike und bei den Naturvölkern bekannt ist.

Immerhin gelang es Mesmer mit dieser Methode recht überzeugende Heilungen zu erzielen. Besonders spektakulär war sicher dabei die Behandlung einer blinden jungen Frau, die ihre Sehfähigkeit durch die Mesmersche Methode wiedererlangte. Der Zulauf, den

---

[1] Franz Anton Mesmer, geb. 1734. Begründer des Mesmerismus, der eine magnetische Energie für die Hypnosewirkung verantwortlich machte. Er war Philosoph, Theologe, Jurist und Mediziner, gilt als Aufklärer und Entmystifizierer der Hypnose.

Mesmer durch seine hypnotische Arbeit erfuhr, war dergestalt groß, dass sogar Massensitzungen im Freien durchgeführt wurden, um dem Bedarf gerecht zu werden. Neider und Kritiker wurden so auf den Plan gerufen und Mesmer schließlich von der etablierten Ärzteschaft diffamiert und geächtet. Dabei konnten die eingesetzten Kommissionen aber keine Fehler oder Nachteile der Behandlung nachweisen. Es wurde lediglich das Fehlen magnetischer Felder bewiesen, und diese hatten auf die Wirkung der hypnotischen Therapien ohnehin keinen direkten Einfluss. Das immer einmal wieder auftretende Spannungsfeld zwischen naturwissenschaftlich ausgerichteter Medizin und dem Einsatz der Hypnose hat hier wohl seine Wurzeln.

Von wesentlicher Bedeutung für die Entwicklung der Hypnose im hiesigen Raum war die Arbeit des Psychiaters Sigmund Freud[2] im 20. Jahrhundert. Freud hat anfänglich sehr umfangreich mit Hypnose gearbeitet, und nach heutiger Sicht gehen nahezu alle psychotherapeutischen Verfahren aus der Hypnose hervor. Der Psychiater verfügte aber nur über eine sehr eingeschränkte Sichtweise dieses Verfahrens und lehnte es im Laufe seiner späteren Arbeit ab. So glaubte er, dass man mit Hypnose nicht wirklich etwas verändern könne, sondern die Symptome damit nur für eine gewisse Zeit überdeckt. Er selbst arbeitete genau nach diesem Prinzip. Moderne Hypnotherapie verändert aber die Basis und überdeckt nicht. Seine Einwände halten moderner Hypnoseforschung nicht stand, finden sich aber an verschiedenen Stellen immer wieder ungeprüft in den Medien wieder.

Inzwischen hat sich vor allem im angloamerikanischen Raum seit Jahrzehnten eine umfangreiche Hypnoseforschung entwickelt. Dem Verfahren wird dort bei der Behandlung psychischer und psychoso-

---

[2] Sigmund Freud, 1856–1939, geb. in Freiberg (heutiges Pribor/Tschechien). Studium der Medizin und Psychologie. Begründer der »Ödipus-Komplex«-Theorie, »Traumdeutung« und »Psychopathologie des Alltagslebens«. Professor der Neuropathologie und der Psychoanalyse.

matischer Krankheiten viel Raum eingeräumt. Auch in Deutschland befassen sich Universitäten und Institute mit diesem Forschungsgebiet. Hypnose und Hypnotherapie werden schon lange nicht mehr mit Esoterik assoziiert, sondern sind fester Bestandteil ärztlichen und psychologischen Handelns. Und es hat sich zudem ein völlig neuer Wissenschaftszweig entwickelt: die **Psychoneuroimmunologie**. Dieses Forschungsgebiet befasst sich mit den Zusammenhängen von Körper und Seele. Kein Heilverfahren bezieht in der gleichen Art und Weise diese Verbindungen in die Therapie mit ein wie die Hypnose.

Die Beschäftigung mit den geschichtlichen Ursprüngen von Hypnose und Hypnotherapie ergibt, dass die oft belächelten Rituale und Begleitumstände dieser Therapie in frühen Zeiten und bei den Naturvölkern auch nach modernem Verständnis sinnvoll, hilfreich und sehr wirkungsvoll gewesen sind.

Der Rückblick lässt erkennen, dass die meisten Vorurteile und Fehlinformationen zum Thema Hypnose aus sehr alten Zeiten stammen und oft ungeprüft übernommen werden. Dabei würde doch aus der heutigen Sicht auch niemand mehr kritiklos die Technik der Dampfmaschine auf einen Computer übertragen wollen.

2. Hypnose – Bedeutung und Ablauf

Klarheit zu schaffen, bringt immer Gewinn. Bei dem Wort »Hypnose« herrscht anfangs oft Verwirrung, wenn man sich die Bedeutung erschließen möchte.

So bezeichnet es zunächst einen aktiven Prozess: Hypnotherapeuten setzen »Hypnose«-Techniken bei ihrer Arbeit ein. In gleicher Weise steht das Wort aber auch für passives Erleben: Klienten befinden sich in »Hypnose« und genießen dabei alle Vorzüge, die dieser Zustand bieten kann.

Die Einführung weiterer Begriffe würde allerdings noch mehr Verwirrung schaffen, und deshalb können wir, *wenn Ihnen an Klarheit gelegen ist,* nur das Eine nahe legen:

Bitte lesen Sie den Text genau, dann werden Sie die Unterschiede mit Sicherheit entdecken können!

Außerdem verbindet beide Definitionen von »Hypnose« ein gemeinsames Ziel: der **Trancezustand.** Der Klient möchte eine Trance als Ziel seiner Hypnose erreichen, und der Therapeut hat den Vorsatz, die Wege dorthin zu weisen.

Wie schon vor Jahrtausenden ist es für das Erleben einer Hypnose wichtig und unabdingbar, einen besonderen Ort aufzusuchen. Glücklicherweise müssen heute dafür keine Tagesreisen mehr in Kauf genommen werden, und auf den Besuch von Tempeln kann man inzwischen auch verzichten.

Stattdessen bieten die Praxisräume eines Arztes oder Psychologen nun den geschützten Rahmen, der meistens derartig eingerichtet ist, dass Ruhe und Geborgenheit oder Harmonie und Frieden vermittelt werden.

Die besonderen Fähigkeiten der Schamanen und Voodoo-Priester werden in unseren Tagen ersetzt durch die Kompetenz der akademisch ausgebildeten Psychotherapeuten. Persönliche Kontakte zu Geistern, Dämonen und anderen dunklen Mächten oder auch die Verbindung zu heilenden Außerirdischen werden in der modernen Hypnose nicht mehr benötigt, weil wissenschaftlich längst bewiesen ist, dass man gut darauf verzichten kann.

Auch auf berauschende Getränke wird im therapeutischen Umfeld bei der Anwendung von Hypnose schon lange nicht mehr zurückgegriffen.

Denn heute ist bekannt, wie *Hypnose wirklich wirkt.* Damit die Reise in die eigene Mitte, in eine *hypnotische Wohlfühltrance* beginnen kann, ist es sehr hilfreich, eine *angenehme und entspannte Körperhaltung einzunehmen.* Man sitzt dabei deshalb in einem besonders *bequemen Stuhl mit Armlehnen und Kopfstütze oder liegt gelassen auf einer gepolsterten Liege, die dem Körper Halt und Sicherheit bietet.*

Spätestens an dieser Stelle ist jetzt ein Therapeut erforderlich, der Wege und Möglichkeiten anbieten (suggerieren) kann, damit jeder den Weg in seine Trance auch finden kann. Zwar könnte man in der entsprechenden Umgebung zu bestimmten Bedingungen auch ohne Therapeuten in einen entspannten inneren Zustand gehen, aber ein solcher Vorgang hat dann einen anderen Namen: Selbsthypnose, autogenes Training, Meditation oder Yoga könnte man es nennen. Bei der Hypnose wird ein Therapeut dabei helfen, die Aufmerksamkeit von außen nach innen zu lenken. Denn ein Trancezustand ist nicht so durch die äußeren Sinne wie Hören, Sehen, Schmecken oder Fühlen zu erfahren. Die äußeren Sinne helfen bei der Orientierung im Lebensraum. Für eine *hypnotische* Wohlfühltrance müssen die inneren Sinne geweckt und geschärft werden. Dazu gehören das Vorstellungsvermögen, die Erinnerung, die Gefühle oder innere Bilder. Es ist also erforderlich, die eigene Aufmerksamkeit von außen nach innen zu richten. Diesen Vorgang kann der Therapeut durch verschiedene Hilfen unterstützen. So ist es möglich, dass Sie gebeten werden, auf ein Pendel zu schauen, das sich rhythmisch hin und her bewegt. Üblich ist es auch, einen bestimmten Punkt im Raum oder an der Decke intensiv und lange zu betrachten.

In alten Zeiten wurde man auch aufgefordert, einen Punkt zwischen den Augen des Therapeuten auf Höhe der Nasenwurzel zu fixieren.

Diese Angebote oder Aufforderungen des Therapeuten setzen dabei keinerlei magische Energien frei, sie dienen lediglich dazu, dass die Augenmuskeln ermüden und man deshalb den Wunsch verspürt, die Augen zu schließen, weil mit dem *Schließen der Augen* die Zuwendung nach innen leichter fällt.

Sie werden nun vielleicht verwundert fragen, warum denn nicht der Therapeut direkt das Angebot an den Klienten richtet, dass dieser seine Augen schließen kann, um sich den Weg in die eigene Mitte zu bahnen. Und da stimme ich Ihnen uneingeschränkt zu. Deshalb verzichten selbstbewusste Therapeuten inzwischen auch auf diese Rituale.

Und während Sie nun gelassen auf der Unterlage sitzen oder liegen, die Augen geschlossen haben und langsam spüren, wie die anfängliche Unruhe einem angenehmen Gefühl der Ausgeglichenheit weicht, beginnt für den Therapeuten die Arbeit. Mit einer Stimme, die ein wenig gedämpft sein kann, die vielleicht in der Tonlage eine Spur tiefer angesiedelt ist, und die eine wohltuend fließende Satzmelodie zur Basis hat, beginnt der Therapeut damit, »Einladungen« auszusprechen.

Und es handelt sich wirklich um Einladungen dabei, denn stets entscheiden Sie selbst und allein, ob Sie seinen Angeboten folgen wollen oder ob Sie diese ablehnen möchten, um Ihre Zeit in anderer Weise mit eigenen Gedanken zu füllen. Entscheiden Sie doch einmal hier und jetzt, welche der folgenden Einladungen Sie in eine Wohlfühltrance hineinleiten könnten:

Es ist ein herrliches Gefühl, es sich so bequem wie nur irgendwie möglich auf seiner Unterlage zu gestalten. Und wann immer es möglich ist, sollten Sie es sich noch ein wenig bequemer machen. Denn schon der Volks-

mund weiß: Wie man sich bettet, so trancet man. Wenn man neue Wege ge-
hen möchte, tut man gut daran, sich dabei auf Vertrautes zu verlassen. Und
natürlich werden Ihnen beim Lesen dieses Textes auch noch andere Gedan-
ken durch den Kopf gehen; Fragen können das sein, Antworten vielleicht,
und die Ungewissheit, woran Sie eigentlich Ihre eigene Wohlfühltrance ent-
decken möchten. Wie würden Sie die tiefe, klare Wohlfühltrance im Kon-
trast zum Wachzustand besonders angenehm und spürbar anders Schritt
für Schritt genießen wollen? Und wenn das klar und sicher in der eigenen
Mitte beim Lesen spürbar wird, wann möchten Sie damit beginnen, den
Satz »Je tiefer die Wohlfühltrance, desto klarer die Sicht« spürbar Schritt
für Schritt mit Inhalt zu füllen, gleich beim Lesen dieser Zeilen oder erst
ein, zwei oder gar drei Minuten später. Denn jeder gestaltet ja seine Wohl-
fühltrance auf seine ganz eigene Art und Weise. Mancher spürt dabei, wie
der Körper auf einmal angenehm wohlig schwer spürbar wird; andere genie-
ßen es, sich leicht, wie eine Feder fast, zu fühlen oder den Körper gänzlich
zu vergessen, während sie weiter den Weg tiefer in die eigene Wohlfühltran-
ce gehen. Auf jeden Fall ist auch dann eines sicher: dass nämlich Atmung
ruhig und regelmäßig ganz von allein und von selbst geschieht, ruhig und
regelmäßig, so dass mit jedem Atemzug dann, ruhig und regelmäßig, sich
auch Ruhe oder Geborgenheit, Harmonie und Frieden immer weiter spür-
bar vertiefen, so weit und so tief, dass vielleicht die Buchstaben vor den Au-
gen langsam unklar werden und verschwimmen oder aber Sie eine wohlige,
herrlich tiefe Ruhe spüren und trotzdem jede Zeile klar und deutlich lesen
können.

Wo immer Sie sich jetzt befinden, Sie sollten sich doch nun wieder nach außen wenden, einmal tief durchatmen und sich wieder
vollständig auf den Text konzentrieren, um den Unterschied von ak-
tiver und passiver Hypnose klar und deutlich wahrzunehmen, Sie
erinnern sich?

Sie werden bei dem kurzen Text vielleicht an der einen oder anderen Stelle gespürt haben, dass einige »Einladungen« Sie intensiver
angesprochen haben als andere. Und natürlich kann es auch sein,
dass gerade für Sie überhaupt nichts Passendes dabei war. Denn Ausnahmen gibt es ja immer. Mitunter hilft es auch, die Zeilen noch

einmal aufmerksam und intensiv zu lesen, um sich noch einmal spürbar zu entscheiden. In jedem Fall sind die Einladungen Ihres Therapeuten so oder ähnlich gestaltet. Und Sie haben es sicher schon bemerkt: Macht oder Zwang übt dabei wirklich niemand aus. Sie allein entscheiden. Und das ist auch gut und richtig so.

Wenn die Zusammenarbeit mit Ihrem Therapeuten erfolgreich war, befinden Sie sich an dieser Stelle der Hypnose in einer angenehmen und sehr erholsamen Wohlfühltrance.

Bei einer oberflächlichen Trance werden Ihnen zahlreiche Gedanken und Bilder durch den Kopf gehen, aber Sie werden noch deutlich alle Geräuschbewegungen im Umfeld wahrnehmen können. Bei einer mitteltiefen Trance nehmen Sie auch noch Geräusche wahr, aber keine Bewegungen mehr, weil die Gedanken und Gefühle in der eigenen Mitte mehr von Bedeutung sind. Und bei einer tiefen Trance sind Ihnen jegliche Geräusche im Umfeld völlig gleichgültig, weil Ihnen Ihr inneres Erleben zu Recht viel wichtiger erscheint. Denn Geräusche existieren immer, eine Wohlfühltrance erlebt aber nicht jeder täglich.

Als Ausnahmezustand gibt es dann noch die somnambule Tieftrance. Das ist ein Zustand, der einem tiefen, traumlosen Schlaf gleicht. Eine solche Hypnose setzt man aber allenfalls zu medizinischen Zwecken als Heilschlaf oder bei schweren Verletzungen oder Operationen ein. Wissenschaftlich ist bewiesen, dass die Wirkung einer hypnotischen Trance in keiner Weise von ihrer Tiefe abhängig zu machen ist: Egal, ob oberflächlich, mitteltief oder auch tief, eine hypnotische Trance wirkt immer in der gleichen Weise.

Trance

So eine Wohlfühltrance ist ein ganz besonderer Zustand, obwohl man ihn schon aus dem Alltag kennt. Denn das tägliche Erleben bietet unzählige Möglichkeiten, spontan und ohne irgendwelche Rituale in die eigene Mitte einzutauchen. Oft nimmt man dafür nur minutenlang die äußere Aufmerksamkeit zurück, mitunter ist man im Anschluss überrascht, wie unbemerkt und schnell so eine halbe Stunde in einer Trance vergehen kann.

Manche Menschen nennen spontane Trancen auch *Tagträumerei*. Vor dem Einschlafen lässt sich das besonders intensiv genießen. *Manche Gedanken gehen da dann durch den Kopf, man liegt wohlig warm unter der Decke, im Hintergrund, ganz in der Ferne nur, nimmt man Geräusche war, aber der Seele wachsen Flügel und man erlebt eine Leichtigkeit im Denken und Fühlen, die sonst nicht zur Verfügung steht. Bilder, Gefühle, Eindrücke vom Tage, Erwartungen an den nächsten, alles scheint sich zu vermischen, und alles wirkt so herrlich schwerelos, ganz nah und auch sehr weit.* Dann schläft man meistens ein.

Beim Lesen eines Buches bemerkt man es nur selten, wenn die Gedanken und Gefühle auf die Reise gehen. Denn die Schrift bleibt klar, man nimmt den Inhalt weiter wahr, ist konzentriert und aufmerksam. Und doch verschieben sich die Gleichgewichte: Die Umwelt existiert nicht mehr, der Text, die Zeilen, das Geschehen absorbieren die gesamte Aufmerksamkeit. Fast atemlos liest man Seite für Seite und hat erst wieder einen Blick für die Umgebung, wenn ein Kapitel endet oder die Liebenden sich endlich finden.

Spontane oder natürliche Trancezustände sind den hypnotisch eingeleiteten sehr ähnlich. Bei einer Hypnose stellt man einen solchen Zustand inneren Erlebens bewusst und gezielt unter Anleitung eines Therapeuten her, um gemeinsam diese Basis für ein Stück gemeinsamer Arbeit zu nutzen. Spontane Trancen sind ungemein erholsam und sehr angenehm. Hypnose hat ein Ziel, das vor jeder Sitzung zwischen Klient und Therapeut gemeinsam festgelegt wird. So kann auch eine Selbsthypnose mit einer bestimmten Absicht genutzt werden: zur Entspannung, zur Schmerzbekämpfung, zur Stärkung des Immunsystems oder zur Lösung von Problemen.

Eine angenehme hypnotische Wohlfühltrance stellt immer erst die Basis dar, ist eine Arbeitsplattform für Veränderungen oder Perspektiven, die der Therapeut zusammen mit seinem Klienten nutzen möchte. Denn neben dem seelischen Erleben, außer der Geborgenheit, der Ruhe und der Klarheit, die Trancen intensiv ermöglichen, verändern sich fast unbemerkt auch die Körperfunktionen in einer Art und Weise, wie man sie so im Wachbewusstsein nie erreichen kann.

Die Hypnoseforschung der letzten Jahrzehnte hat in diesem Zusammenhang erstaunliche Ergebnisse veröffentlichen können.

Im psychischen Erleben verändert sich der Zeithorizont in vielfältiger Weise. Minuten können sich wie Stunden hinziehen. Stunden streichen in Sekundenschnelle vorbei. Eine feste zeitliche Orientierung, wie sie dem Wachbewusstsein zur Verfügung steht, löst sich auf. Das innere Archiv steht meistens uneingeschränkt zur Verfügung. So gelingt es, das eigene, gespeicherte Erleben bis in das Säuglingsalter zu aktivieren und vor dem inneren Auge wieder zu beleben, als geschähe es jetzt gerade erst. Der erste Schultag wird noch einmal intensiv erlebt oder die gesamte Kindheit läuft wie ein Film im Zeitraffertempo durch das Bewusstsein. In welcher Form diese Möglichkeit in hypnotischer Trance genutzt werden soll, bestimmt der therapeutische Nutzen.

An die Stelle des logischen Denkens tritt eine andere Wahrnehmungsdimension: Innere Bilder und Gefühle werden freigesetzt, die nicht der rationalen Kontrolle unterworfen sind, sondern ungefiltert wahrgenommen werden können. Das Wachbewusstsein errichtet häufig Wahrnehmungsgrenzen, weil Ängste oder andere Bedenken die Sicht auf bestimmte Abläufe und Geschehen behindern. Im Trancezustand können diese Grenzen fallen, so dass bis dahin verborgene Konflikte bearbeitet und in der Folge Schritt für Schritt gelöst werden können.

Im Trancezustand ist es möglich, auch ungewohnte Inhalte miteinander zu verknüpfen. Das Wachbewusstsein verbietet solche Vorgänge häufig, weil sie nicht dem kritisch-logischen Denken entsprechen. So ist es zum Beispiel möglich, bei starken Schmerzen in den

Gelenken der Hand mittels einer Trance einen kühlenden und anäs-
thesierenden Handschuh »überzustreifen«, der die Schmerzen nehmen oder lindern kann. Werden diese Verknüpfungen in Hypnose
mehrfach vorgenommen, lässt sich eine solche Vorstellung auch im
Wachbewusstsein zur Schmerzstillung oder im Rahmen von Selbsthypnose nutzen.

Ein weiterer Effekt der hypnotischen Wohlfühltrance ist die Bedeutung der Körpersprache, die sich in diesem Zustand sehr gut lernen
lässt. Viele Menschen werden von körperlichen Beschwerden geplagt, die sich trotz unzähliger Arztbesuche und Untersuchungen
keiner Krankheit zuordnen lassen. Man bezeichnet das dann häufig
als psychosomatische Symptome. Herzrasen, Atemnot, Kopfschmerzen, Schwindel und Ohrgeräusche machen dem Wachbewusstsein
Angst. Im Trancezustand wird es möglich, diese Zeichen des Körpers zu verstehen, sie bestimmten Verhaltensweisen oder Spannungsfeldern zuzuordnen. Dann werden Beschwerden zu Hilfen und Ori-
entierungspunkten, die Sicherheit geben können. Wer die körperlichen Hinweise auf seine seelischen Probleme verstehen kann,
gewinnt an Sicherheit und kann so leichter Lösungen finden.

Die Zahl der Perspektiven und Angebote des inneren Erlebens in
einer hypnotischen Wohlfühltrance ist nahezu unbegrenzt. Allein
der Klient kann solche Grenzen setzen. Niemals wird es dem Therapeuten gelingen, seinen Klienten in Bereiche zu führen, die dieser
nicht betreten möchte.
    Die veränderte Wahrnehmung in einer Trance ermöglicht viele
neue Blickwinkel. Manches Problem, das im Alltag geradezu unlös-
bar schien, zeigt sich aus einer anderen Sicht und in einem anderen
Erleben von einer neuen Seite: Wege, die herausführen können,
werden so gefunden. Jeder Klient kann im Zustand der Hypnose
Zugang zu diesen bis dahin verborgenen Ressourcen entdecken
oder wiederfinden, wenn er möchte. Niemand kann allerdings dazu
gezwungen werden, diese herrlichen Angebote aus dem eigenen
Lösungsfundus auch zu nutzen!

Vielleicht entscheiden Sie an dieser Stelle wieder selbst, wie Sie es damit halten möchten?

Auf der körperlichen Ebene beeinflusst eine Trance sehr viele Körperfunktionen und Stoffwechselvorgänge in nachhaltiger Weise. Nichts ist so gesund wie eine hypnotische Wohlfühltrance!

Das **Herz-Kreislaufsystem** stabilisiert sich und schaltet in einen erholsamen Status um. Die Zahl der Herzschläge pro Minute sinkt und damit auch der Sauerstoffverbrauch. Der Blutdruck fällt in einen niedrigen Bereich. Das lässt sich bei Menschen mit Bluthochdruck therapeutisch auch mit Selbsthypnose nutzen. Daneben verbessert sich die Durchblutung im Bereich der kleinen und kleinsten Gefäße, weil sich diese in einer Trance weiten. Das Gewebe erhält mehr Sauerstoff. Die Zellen können besser atmen.

In den **Lungen** entspannen sich die kleinen glatten Muskeln, so dass die Atmung tiefer wird. Man atmet langsamer und intensiver, dadurch wird wieder der Energieaufwand gesenkt und die Aufnahme von Sauerstoff über die Lungen erhöht. Es verstärken sich die Effekte aus dem Herz-Kreislaufsystem, der Körper tankt die energetischen Moleküle.

Der **Stoffwechsel** schaltet um auf Ruhe und Entspannung. Das führt zu einer Ersparnis an Energie, erhöht die Ausscheidung von Stoffwechselabfallprodukten und gönnt den Zellen des Körpers eine Pause.

Das **Blut** verändert nachweisbar seine Zusammensetzung. Die Gefahr der Blutgerinnselbildung wird vermindert, weiße Blutkörperchen, die körpereigenen Abwehrzellen, fließen im Zustand der Trance mehr am Rand, so dass sie schneller an Ort und Stelle eines entzündlichen Geschehens im Gewebe sein können.

Die **Konzentration der Stresshormone** im Blutserum sinkt. Die Produktion und Ausschüttung von Cortisol und Adrenalin wird für die Zeit der Hypnose und darüber hinaus auf ein niedriges Niveau gebracht. Dadurch wird der Erholungseffekt des Körpers noch einmal intensiviert.

Das **Immunsystem**, die körpereigene Abwehr, wird unter Hypnose gestärkt. Das geschieht, indem die Aktivität mancher Abwehrzellen zunimmt. Hormone und andere Botenstoffe werden aktiviert, um Krankheitskeime oder Krebszellen und die Folgen von Stress zu beseitigen oder zu mindern.

Alle **Muskeln** entspannen und lösen sich, die Durchblutung wird verbessert. Auf diesem Wege wird Kraft getankt, werden die Gelenke entlastet, sogar Verspannungen und Verkrampfungen wirkungsvoll gelöst. Die Wirbelsäule spürt verminderten Druck, der Brustkorb wölbt sich weiter und der Raum für die Lungen wird spürbar erweitert.

Es ist sehr eindrucksvoll zu beobachten, wie die Einflüsse von hypnotischer Trance auf den Körper auch noch einige Zeit nach Abschluss der Hypnose nachzuweisen sind. Menschen, die regelmäßig mit Selbsthypnose arbeiten, können die gesund machenden und gesund erhaltenden Effekte einer Trance dauerhaft für sich in Anspruch nehmen. Das macht besonders dort einen Sinn, wo häufige Infekte oder chronische Erkrankungen das tägliche Leben erschweren. Und vorbeugend können auf diesem Wege auch manche Krankheiten vermieden werden, wenn das Abwehrsystem des Körpers durch regelmäßige Trancen wirkungsvoll trainiert worden ist.

Hypnotherapie

So eine hypnotische Wohlfühltrance kann ein wunderschönes Erlebnis sein. Und natürlich könnte man sich schon allein aus diesem Grund in eine psychotherapeutische Praxis begeben, um die diesbezüglichen Kompetenzen des Therapeuten zu nutzen.

Die meisten Menschen suchen allerdings einen Experten für Hypnose auf, um mit ihm an ihren Problemen, Spannungsfeldern oder Krankheiten zu arbeiten. Sie möchten eine Hypnotherapie in Anspruch nehmen und damit die Besonderheiten der Hypnose als Basis für eine Therapie nutzen.

Eine Therapie kann verschiedene Ziele verfolgen:

Wer ständig **unter Druck** steht, ist schon für die Ruhe dankbar, die eine hypnotische Wohlfühltrance vermitteln kann. Diese Erfahrung innerer Ausgeglichenheit ohne Zeitnot und Anforderungen kann auf diese Weise Ausgleich schaffen zur Hektik des Alltages, und ist manchem deshalb Therapie genug.

Wer schon seit Jahren unter **Depressionen** leidet, wird nur mit der Erfahrung von Ruhe und Geborgenheit allein nicht zufrieden sein können, weil sich dadurch nicht wirklich etwas im trüben Alltag ändern lässt.

Wer unter **Angst und Panik** leidet, wird froh sein, einige Minuten in Trance ohne Herzrasen, Engegefühl in der Brust oder Schweißausbrüche zu verbringen. Beendet der Therapeut dann die Hypnose, kehren die Ängste wieder. Erst eine wirkliche Therapie bringt Schritt für Schritt echte Sicherheit.

Wer bei einer **Magersucht** seit Jahren mit sehr viel Kraft und Energie erfolglos versucht hat, das Körpergewicht zu stabilisieren, wird sicher wissen, dass Hypnose allein nicht ausreichen wird, um die Probleme, die ursächlich dahinter stehen, dauerhaft zu lösen. Dazu muss man schon eine Hypnotherapie machen – und das auch noch über einen längeren Zeitraum.

Wer die quälenden Schmerzen einer **Migräne** kennt, wird viel darum geben, mit klarem Kopf und ohne Schmerzen den Alltag zu erleben. Hypnotherapie hilft dabei, Wege zu finden, die das auch möglich machen können.

Wer ständig an **Infekten** leidet oder nach einer **bösartigen Erkrankung** das Abwehrsystem (Immunsystem) seines Körpers wirkungsvoll stärken und trainieren möchte, wird auf die Zusammenhänge von Körper und Seele Rücksicht nehmen. Hypnotherapie nutzt solche Erkenntnisse aus der Immunforschung und setzt sie in der Praxis um.

Hypnotherapie ist für Menschen gedacht, die in ihrem Leben wirklich etwas verändern möchten.
Allerdings sollte sich jeder vor Beginn der Therapie sehr genau überlegen, ob er sich wirklich von seinen Problemen trennen möchte. Denn Entscheidungen haben schließlich Konsequenzen.
Wer mit Hypnotherapie zu arbeiten beginnt, wird erfahren können, wie effektiv und hilfreich das Verfahren die Besonderheiten der Hypnose nutzt, um therapeutische Angebote maßgeschneidert für die einzelnen persönlichen Probleme, Krankheiten und Änderungswünsche der Klienten wirkungsvoll zu unterbreiten.

Die Grundsätze der modernen Hypnotherapie stammen von dem amerikanischen Psychiater **Milton H. Erickson**[3] und haben die Psychotherapie weltweit maßgeblich beeinflusst:

1. Jeder Mensch ist ein Individuum. Die Psychotherapie sollte deshalb darauf ausgerichtet sein, dass sie der Einzigartigkeit der Bedürfnisse dieser Einzelperson gerecht wird, statt den Menschen so zurechtzustutzen, dass er in irgendein theoretisches Konzept passt.
2. Jeder Mensch verfügt über einen fast unerschöpflichen Erfahrungsschatz, mit dessen Hilfe er seine Probleme lösen kann. Eingeschränkte Sichtweisen im Alltag behindern oft den Zugang zu diesen Lösungsmöglichkeiten. Hypnotherapie durchbricht starre Verhaltensmuster und ermöglicht den Zugriff auf die eigenen Ressourcen. Eigenverantwortung, Selbstvertrauen und Handlungsmöglichkeiten werden so vorrangig gestärkt.

---

[3] Milton H. Erickson, 1901–1980. Amerikanischer Arzt und Psychiater, Begründer der modernen Hypnosetherapie, genialer Therapeut. Begründer der Aussage, dass jeder seine Probleme lösen kann, wenn man seine Ressourcenkammer öffnet. Begründer der These, dass man die Symptome des Patienten und seine Wertesysteme bei der Therapie utilisieren (nutzen) soll.

3. Die Aufgabe des Therapeuten besteht darin, Werkzeuge bereitzu-
stellen, die es dem Klienten ermöglichen, selbst seine Lösungen
zu finden und sich diese nutzbar zu machen.
4. Der Therapeut passt die Therapie grundsätzlich den Möglichkeiten
des Klienten an, nutzt seine Werte, Überzeugungen und Begriffe.

Die Besonderheiten der Hypnose und die damit verbundenen
Wahrnehmungsmöglichkeiten werden solchen Anforderungen in
besonderer Weise gerecht.

Erinnern Sie sich noch daran?

Sie suchen zunächst einen besonderen Ort auf, die Praxis eines Therapeu-
ten. Dort nehmen Sie die Dienste eines für diesen Bereich besonders kompe-
tenten Arztes oder Psychologen in Anspruch. Sie machen es sich bequem, so
bequem wie es irgend geht, Sie schließen Ihre Augen, lauschen der Stimme
des Therapeuten und begeben sich in eine tiefe klare Wohlfühltrance!
Und es öffnet sich das Tor zu den vielen neuen Möglichkeiten.

So wird Ihr Therapeut mit Ihnen das **innere Archiv der Erinne-**
rungen in Anspruch nehmen können. Und das lässt sich für therapeutische Veränderungen vorzüglich nutzen. Manche Ängste finden
ihren Ursprung weit zurück in der Vergangenheit liegend. Begegnet
man als kleines Kind einem auch nur mittelgroßen Hund, wirkt der
oft fast so groß wie ein Ungeheuer. In der Erinnerung wird solch
ein Ungeheuer immer noch größer und größer, mitunter so groß,
dass man sich als erwachsener Mensch immer noch vor solchen Un-
geheuern fürchtet.

In Hypnose ist es möglich, sich an die erste Begegnung noch einmal zu erinnern, so, als geschähe sie gerade erst im Hier und Jetzt.
Als Begleitung hat man nun aber einen großen Menschen an seiner
Seite: sich selbst, die erwachsene Person von heute. Die Begegnung
mit dem Hund verläuft nun viel gelassener. Und was damals in der
Kindheit so bedrohlich erschien, stellt sich nun, aus der neuen Perspektive, vielleicht als freudige Begrüßung durch den Hund dar.

Wer auf diese Art seine Erinnerungen korrigiert, wird sich vor Hunden kaum noch fürchten können, denn die Klarheit unter der Hypnose wirkt sich natürlich auch im Wachbewusstsein aus. Hypnotherapie bewirkt Veränderungen, die auch später wirksam sind. Mit dem Wachbewusstsein wird das so nie möglich sein.

Die Erinnerung lässt sich natürlich auch in anderer Weise hilfreich zum Abbau von Problemen aktivieren. Schließlich finden sich in der Vergangenheit nicht nur so manche Wurzeln für Probleme, sondern auch unzählige Beweise für Kompetenz und Fähigkeiten, die man im Laufe der Jahre oft vergisst. So gibt es immer wieder Menschen, die mit Prüfungen Probleme haben. Der Puls schnellt schon Stunden vorher auf ungeahnte Höhen, nächtelang vorab findet man keinen Schlaf, Angst lässt die Hände zittern, der Magen kollabiert. In der Prüfung ist der Mund so trocken und das Gehirn scheint so entsetzlich leer, dass man kein Wort über die Lippen bringt, obwohl der gelernte Stoff vorab sehr sicher zur Verfügung stand. Der Hypnotherapeut wird Sie in einem solchen Fall noch einmal durch die Kindheit führen können:

Als Säugling kann man fast noch gar nichts: schreien, trinken und die Windeln füllen, nur das geht. Nach einiger Zeit lernt man das Sitzen, krabbelt durch den Raum, geht schließlich aufrecht. Was für eine grandiose Leistung wird so in einem Säuglings-Jahr vollbracht. Dann lernt man täglich, Dinge zu begreifen, die Welt in Schritten zu verstehen. Wort für Wort versteht man die Sprache, wenn auch nur Schritt für Schritt. Dann kommt die Schule und Buchstaben und Zahlen, Lesen und Schreiben bestimmen eine neue Welt, in der es sich zu orientieren gilt. Das Lernvermögen scheint fast unbegrenzt. Und immer erinnert man sich ganz selbstverständlich an alles, was vorher gewesen ist. Wer sich dieser Fähigkeiten wieder bewusst wird, wer sich an diese Potenziale erinnert, wer wieder weiß, was alles möglich ist, wird eine Prüfung mit völlig anderen Augen betrachten können. Die Erinnerung macht dann mit Hilfe von Hypnose auch die Gegenwart wieder sicher und verlässlich. Denn wer könnte die Lernerfolge der Kindheit leugnen?

Die **Vorstellungswelt in einer Wohlfühltrance** kennt kaum Grenzen. Kreativ und farbenfroh, offen und frei von Ängsten oder einem ständig kontrollierenden Verstand lassen sich auch ungewöhnliche Lösungen fast spielerisch entdecken.

Ein opulentes Körpergewicht kann schon eine rechte Plage sein. Schon morgens wälzt man sich eher aus dem Bett, als dass man es aufstehen nennen kann. Der Blick in den Spiegel bereitet keine so rechte Freude mehr, die Kleidung drückt an vielen Stellen. Allen Diäten zum Trotz halten die Kilos eisern am Körper fest. *Im Zustand der Hypnose geht es den Gewichten endlich an den Kragen. In einer wohltuenden Trance kann ein Körper sich sehr leicht erleben lassen, so dass man sich fast so fühlt, als schwebe man auf seiner Unterlage. Der Hypnotherapeut bittet Sie dann, sich vorzustellen, dass es nun endlich Abschiednehmen heißt von lästigen Begleitern. Pfund für Pfund, Kilo für Kilo müssen per Handschlag und persönlich verabschiedet werden. Und das ist nicht so einfach, wie es auf den ersten Blick erscheinen mag, wie im Alltag eben auch. Denn jeder ungebetene Gewichtsgast muss mit einem gewichtigen Argument verabschiedet werden, einem, das auch wirklich dauerhaft und überzeugend Wirkung zeigt, sonst kehren die verlorenen Pfunde schnell zurück. Die kreativen und überzeugenden Argumente in Trance werden sicher und überzeugend auch im Wachbewusstsein unbewusst zur Verfügung stehen und den Gewichtsverlust erfolgreich einleiten und begleiten. Hypnotherapie macht schlank.*

Die Führerscheinprüfung bereitet vielen Menschen ein Problem. Die Theorie wird glänzend gemeistert und bestanden, doch in der praktischen Prüfung gewinnen schnell Unsicherheit und Verwirrung die Überhand, so dass am Ende der Prüfer bedauernd den Kopf schüttelt und die Fahrerlaubnis nicht aushändigen kann.

Es ist dann ein wunderbares Erlebnis, sich diese Prüfungsfahrt in Hypnose noch einmal vorzustellen. Mit Gelassenheit und Freude und in der Gewissheit, die Fahrt sicher und aufmerksam als Fahrer zu erleben, besteigt man schon das Auto. Dann macht man es sich bequem, lehnt sich entspannt zurück und startet den Motor ohne das geringste Zögern. Straße für Straße durchfährt man wie im Schlaf, schlafwandlerisch sicher, erfährt sich auch kri-

tischen Situationen gewachsen und besteht die Prüfung mit Bravour. Der Prüfer steigt aus dem Fahrzeug und strahlt über das ganze Gesicht. Er spricht Glückwünsche aus für die vorbildliche Fahrt und drückt einem dann den Führerschein in die Hand. Unbeschreiblich ist die Freude, wenn man die Erlaubnis zum Fahren endlich besitzt. Die **Vorstellungskraft in Trance** ist unbegrenzt und wirkt sich sicher bei der nächsten Prüfung spürbar aus.

Sehr hilfreich in der Hypnotherapie kann auch ein **Ordeal** sein. Das ist ein Begriff, der aus dem Amerikanischen kommt und so viel bedeutet wie: ungewollte oder **paradoxe Anordnung,** der man nur ungern Folge leistet, sich aber im Rahmen der Therapie dazu verpflichtet hat. *Die Basis für eine solche Therapie ist wieder eine Wohlfühltrance.*

Manch ein Mensch kommt vom Rauchen gar nicht los. Der Griff zur Zigarette ist längst zum Automatismus geworden, ein Überlegen gibt es da nicht mehr. `

In seiner Trance liegt man an einem wunderbaren Strand, der Sand ist weiß, der Himmel blau, ein leichter Wind weht von der See her... Sie atmen tief die frische, würzige Luft, schmecken das Salz auf den Lippen, genießen die Wärme der Sonne auf der Haut. Dann kommt die Anweisung des Therapeuten, diesen Genüssen noch einen weiteren Genuss hinzuzufügen:

»Rauchen Sie jetzt bitte eine Zigarette nach der anderen, Stück für Stück, zwei Stunden lang. Es wird Ihnen leicht fallen, denn Sie rauchen ja sehr gerne. Rauchen Sie, genießen Sie, genießen Sie und rauchen Sie, ohne Unterlass, Genuss für Genuss, Zigarette für Zigarette, immer wieder dürfen sich die Lungen mit diesem beißenden blauen Qualm füllen. Und da, wo vorher Sommer, Sonne und Wärme herrlich und wunderbar spürbar waren, ist jetzt die Zigarette. Schließlich rauchen Sie doch wirklich gerne, Zigarette für Zigarette, Minute für Minute, Stunde für Stunde.« In Hypnotherapie lernt es sich leicht, wo wirkliche Genüsse liegen und wo Qualm eher stinkt und beißt. Im Alltag bekommt so das Rauchen einen gänzlich anderen Stellenwert. Denn nur wer wirklich überzeugt ist,

dass Zigaretten dem Genuss eher im Wege stehen, wird sich endlich von ihnen trennen können.

Mobbing spielt in der Arbeitswelt eine ständig wachsende Rolle. Da werden Männer wie Frauen mitunter so vom Chef behandelt und traktiert , dass die Beschäftigung zur Nervenprobe wird. Dabei geht mit **Humor** doch alles besser, auch wenn das mitunter **provozierend** wirken mag.

In der Hypnotherapie liegt man erst einmal wieder auf der Liege oder Couch, genießt die Ruhe und Geborgenheit, kein Stress stört das wohlige Empfinden. Dann meldet sich der Hypnotherapeut und bittet freundlich darum, eine typische Situation am Arbeitsplatz zu visualisieren, wie sie täglich die Nerven zum Zerreißen spannt. Der Chef verschwindet wieder und zurück bleibt die Wut, kalt und hilflos und stark. Da folgt die Bitte des Therapeuten, sich kniend vor die Tür des Chefs zu begeben, dort kurz in dieser Stellung zu verharren und sich dann einem Gebete gleich mit vorgestreckten Armen gen Chefzimmer zu verneigen mit den gemurmelten Worten: »*Ich danke dir, oh Chef, dass du auch heute mit deinem Mobbing meine Langeweile am Arbeitsplatz vertrieben hast.*«

Und damit die Übung auch wirklich funktioniert, darf man sie gleich mehrfach wiederholen. Der darauf folgende Tag im Büro kann danach schon ungewohnte Folgen haben. Vielleicht steigt statt der Wut dann Lachen auf in Erinnerung an die trancehypnotisch eingeübte Haltung, vielleicht reift auch der Entschluss, den Mobbingspezialisten Chef um eine kurze, aber deutliche Unterredung zu bitten.

Daneben lässt sich **Ungewohntes** in der Hypnotherapie hervorragend **kombinieren**, so dass völlig neue Perspektiven gedanklich darzustellen sind. Logische Zusammenhänge werden nicht auf Schlüssigkeit überprüft und können deshalb sehr gut wirksam werden.

Ein ungewolltes Erröten an der falschen Stelle kann für die Betroffenen sehr unangenehm sein und als ausgesprochen peinlich empfunden werden.

In der Hypnose ist das anders, da wird ja niemand »rot«. Sicherheit bestimmt das innere Empfinden, man fühlt sich gut und gelassen. Der Therapeut bittet dann darum, eine Gelegenheit zum »Rot werden« vor dem inneren Auge zu entwerfen und spürbar zu entdecken. Unangenehme Gefühle breiten sich aus, bis die Aufforderung kommt, das Erröten als Signal zu begreifen, um ohne Verzug in eine todsichere Erfolgssituation hinein zu visualisieren, dorthin, wo keine Zweifel sind, nur der Erfolg und die Freude, die darüber spürbar wird. Was für ein Gefühl der Sicherheit breitet sich nun wieder aus. Im Trainingslager kann man das dann noch weiter üben: raus aus dem Rot, hinein in den Erfolg.

Wie soll man das Gefühl beschreiben, wenn bei dem nächsten Treffen mit einer attraktiven Dame anstelle des Errötens gelassenes und sicheres Auftreten zutage tritt.

Eine weitere, sehr interessante und mitunter als spektakulär empfundene Möglichkeit der Hypnotherapie besteht darin, »**Rückführungen**« gemeinsam zu gestalten. Dabei handelt es sich um eine Reise in eine fiktive Vergangenheit, in ein fiktives früheres Leben.

Sie befinden sich in der bekannten Wohlfühltrance und lassen einfach Zeit und Raum weit hinter sich. Der Therapeut bittet Sie dann, über die Jugend, die Kindheit und die Geburt durch den Tunnel der Zeit immer weiter zu gleiten, viele Jahre und Jahrzehnte bis zu einem Zeitpunkt, an dem Licht am Ende des Tunnels zu sehen ist. Dort gibt es dann häufig etwas zu entdecken, das Interesse weckt: ein Baum kann das sein, ein Gesicht oder eine Landschaft. Und man kann dann die Reise dort beginnen, um dieses andere, neue und fremde Leben aus einer »früheren Zeit« zu erkunden. Der Therapeut weist jeweils den Weg, fragt, lässt verweilen oder geht Jahre oder Jahrzehnte voran. Wie ein Ausflug in die eigene Geschichte wirkt so eine Reise durch die Zeiten. Und wie in der Gegenwart finden sich auch in diesen »früheren Leben« einige Probleme und Spannungen, mit denen man sich beschäftigen muss. Man kann ein solches »Leben« dann aus zweierlei Perspektiven betrachten: mit den Augen der vor dem inneren Auge erlebten Person und mit den Augen der Person aus der Gegenwart. Und beide können miteinander Kontakt aufnehmen und dem jeweils anderen mit Rat und Tat zur Seite stehen. Für den Erfolg einer solchen »rückführenden« Hypnotherapie ist es völlig gleichgültig, ob die jeweilige Person an »frühere« Leben glaubt oder das für sich lieber ausschließen möchte. Von Gewinn ist vielmehr und unbestritten, dass die Probleme in den »erfundenen« Welten, denen der realen Welt sehr gleichen und nur in einem anderen Umfeld zu finden sind. Vielen Menschen fällt es leichter, ihre Probleme »in der Vergangenheit« zu lösen als in der Gegenwart. Spürbar werden diese Lösungen zum Glück dann wieder in der Gegenwart, im greifbaren Alltag mit seinen Problemen.

Bei der Hypnotherapie sind der Phantasie und Kreativität von Klienten und von Therapeuten keine Grenzen gesetzt. Und so stellt diese therapeutische Palette nur einen Teil der Möglichkeiten dar, die in Hypnose häufig und typisch zur Anwendung gelangen können.

Allerdings bildet die Basis für jede therapeutische Sitzung und jede Aufgabe in Trance natürlich das gemeinsam definierte Ziel, das der Klient erreichen möchte. Daran werden alle Aktivitäten sich ebenso orientieren wie an Strukturen und Grundlagen, die jeder Psychotherapie einen Rahmen geben.

Für alle Aufgaben gilt, dass nur die Zustimmung des Klienten, seine innere Übernahme der Therapeutenangebote, diese in Hypnose wirksam werden lässt. Gegen die Überzeugungen und gegen den Willen des Klienten kann Hypnose nachweislich nie wirksam sein, redet der Therapeut ins Leere.

Und natürlich endet jede Hypnotherapie damit, dass der Therapeut seinen Klienten *wieder in die Außenwahrnehmung* führt, indem er ihn bittet, tief ein- und auszuatmen, Arme und Beine zu strecken und schließlich im eigenen Tempo die Augen wieder zu öffnen.

Theoretisch könnte das jeder Klient natürlich auch allein. Aber auch die Therapiezeiten sind leider begrenzt und sonst würde wohl manche Stunde deutlich überschritten werden.

Die Wahl des Therapeuten

Aus welcher Perspektive man es auch betrachten mag, es sollte in einer therapeutischen Begegnung immer der Klient im Mittelpunkt der Aufmerksamkeit stehen.

Wenn das so nicht zutrifft, dann stimmt etwas nicht in der Beziehung.

Denn kein Klient interessiert sich wirklich und bezahlt auch noch dafür, sich anzuhören, wie schlecht die Bezahlung für Therapeuten ist, wie hoch die eigene Kompetenz im Vergleich zum Kollegen eingeschätzt wird oder wie das therapeutische Gegenüber seine eigene Ehe beurteilt.

Auch Therapeuten machen mitunter Fehler.

Amerikanische Psychiater haben untersucht, in welche Fallen Therapeuten am häufigsten tappen. Denn schließlich beeinflussen deren Fehler nicht selten fatal den Verlauf der Behandlung. Aus Klienten können dann Langzeitklienten werden, die jahrelang ohne jeden Erfolg Therapie in Anspruch nehmen. Es kann so weit kommen, dass man sie am Ende als »hoffnungslose Fälle« bezeichnet.

Deshalb kann es von Interesse sein, die häufigsten Fehler, die auf der Therapeutenseite bestehen, zu kennen.

Wer möchte schließlich schon selbst zu einem »hoffnungslosen Fall« werden?

An erster Stelle in der Fehlerliste findet sich, dass Therapeuten nicht genau zuhören können.

Wie Sie sich das vorstellen müssen bei einer Person, die doch gerade für das Zuhören aufgesucht und in Anspruch genommen wird? Das ist viel einfacher, als Sie vielleicht denken.

Sie suchen einen Psychologen auf, weil Sie seit langem mit ihrem Verhalten im Beruf unzufrieden sind. Viel zu hoch wird täglich von Ihnen der Leistungsmaßstab angesetzt, viel zu ehrgeizig sind die Ziele, viel zu erschöpft gehen Sie deshalb immer in das Wochenende. Natürlich ist Ihr Arbeitgeber mit ihnen hoch zufrieden, aber das wäre er auch, wenn Sie weniger leisten würden. Nur ihr eigener »innerer Chef« lässt das nicht zu. In der Folge bleibt wenig Zeit für Freizeit und Beziehung, die nun, wie Sie im Nebensatz erwähnen, zunehmend darunter zu leiden beginnt. Und während der Therapeut den ersten Teil Ihrer Erzählungen eher gleichmütig verfolgte, scheint er bei dem Wort »Beziehung« die Ohren deutlich zu spitzen. Und von Stund an arbeiten Sie in zahllosen Therapiestunden an der Gestaltung Ihrer Ehe, die nun im Mittelpunkt des Interesses steht.

Dabei wollten Sie doch aber Ihren Maßstab ändern und das Arbeitspensum auf ein akzeptables Niveau reduzieren, ohne in Schuldgefühlen und im Selbstwertverlust zu ersticken. Ihr Therapeut hat aber nur das Wort »Beziehung« gehört, und schon hat er alle »anderen Ohren« verschlossen. Es können viele Stunden dahingehen, bevor sich solche Missverständnisse endlich korrigieren lassen oder man am Ende betrübt und resigniert die Therapie beendet als »hoffnungsloser Fall«. Denn an dem eigentlichen Problem (weswegen man ja den Therapeuten aufgesucht hatte) hat man ja nichts geändert!

Den zweiten Platz auf der Liste nimmt die Unterschätzung ein. Therapeuten billigen ihren Klienten dabei nicht zu, dass sie in der Lage sind, selbst Lösungen für ihre Probleme zu finden. Dabei gibt es sehr viele Klienten, die ziemlich genau wissen, welches Ziel sie erreichen möchten, welche Vorstellung sie von der Lösung ihrer Spannungsfelder haben. Nur waren sie nicht in der Lage, diesen Weg zu gehen, weil Ängste, Panikattacken, Depressionen oder ein schlechtes Gewissen sie daran hinderten. Solche Klienten haben also gar keinen Bedarf daran, dass der Therapeut mit ihnen in jeder Sitzung immer wieder unverdrossen nach neuen Lösungen sucht. Die sind ja längst gefunden. Es geht vielmehr darum, die Hindernisse davor aus dem Weg zu räumen, um die eigenen Vorstellungen endlich auch umzusetzen. Wenn zwei, wie hier, getrennte Wege gehen, werden sie kein gemeinsames Ziel erreichen. So behindert Therapie dann eher, als dass sie hilfreich für Sie ist.

Es gibt verschiedene therapeutische Ansätze, die aus wechselnden Perspektiven und mit unterschiedlichen theoretischen Grundlagen helfen können, einem Klienten wieder Klarheit und Sicherheit in das seelische Erleben und die Gestaltung des Alltags zu bringen. Und da liegt der nächste häufige Fehler begraben. Wer zum Beispiel unter Ängsten leidet, kann mit Verhaltenstherapie lernen, wie sich mit eben diesen Ängsten leben lässt. Der Therapeut wird immer wieder eine Konfrontation mit der auslösenden Situation vorschlagen, so dass ein gewisser Gewöhnungseffekt eintritt und schließlich die Begegnung mit der Angst nur noch zu leichten Schweißausbrüchen oder wenig Zittern führen kann. Manche Menschen halten davon wenig und wollen lieber die Hintergründe und Ursachen bearbeiten, um sich dann endgültig von ihren Ängsten zu verabschieden. Solche Menschen immer wieder in Furcht und Schrecken zu versetzen, damit der gewünschte Effekt eintritt, hieße, eine versalzene Suppe mit noch mehr Salz wieder essbar machen zu wollen.

Nicht jede Psychotherapiemethode ist für jeden Klienten geeignet, und »noch mehr« hilft dann eben nicht immer mehr. Deshalb sollte niemand Jahre warten, bevor er sich von einer ungeeigneten und erfolglosen Methode und dem Therapeuten trennt. Aus Fehlern kann man lernen, auch wenn es nicht die eigenen sind.

Ein geeigneter Therapeut kann weder zaubern noch die Probleme anderer lösen. Das ist auch nicht seine Aufgabe.

Aber ein guter Therapeut soll zunächst einmal zuhören können und das Ziel der gemeinsamen Arbeit genau mit seinem Klienten abstimmen. Das beugt Missverständnissen sicher vor. Und ein solcher Abgleich ist immer wieder einmal im Laufe der Therapie sinnvoll und hilfreich, weil sich Ziele ändern können.

Lösungen, die ein Klient bereits vor Augen hat und die genau in sein Wertesystem passen, müssen erstrangig berücksichtigt werden, wenn gemeinsame Strategien Erfolg haben sollen.

Führt dennoch gemeinsames Bemühen nicht in angemessener Zeit zu den gewünschten Veränderungen, macht es sicher Sinn, nicht immer intensiver, sondern auf anderem Wege nach Lösungen zu suchen und die Therapiemethode in Frage zu stellen.

Hypnotherapie ist immer einen Wechsel wert.

Dieses Wissen gibt jedem Klienten Sicherheit.

Hypnotherapeuten müssen zusätzlich auch sehr gute Beobachter sein. Die Körperhaltung des Klienten während der Hypnosesitzung, die Spannung der Muskeln, Bewegungen von Armen oder Beinen, die Tiefe und Schnelligkeit der Atmung, die Farbe der Haut, die Mimik oder die Bewegungen der Augen hinter den geschlossenen Lidern können wie der Tonfall und die Lautstärke der Stimme sehr viele Informationen liefern, die sich hilfreich nutzen lassen. Besonders konzentriert erfolgt eine solche Wahrnehmung, wenn der Therapeut sich auch in einer leichten Trance befindet.

Eine umfassende Ausbildung ermöglicht dem Therapeuten ein sicheres Arbeiten mit Hypnotherapie. Die Grundlage dafür bieten ein abgeschlossenes Studium der Medizin oder im Fach Psychologie. Fachgesellschaften vermitteln dann in mehrjähriger Weiterbildung die Bausteine für die Tätigkeit als Hynotherapeut.

Therapeuten vermitteln Perspektiven, die hilfreich sind. Und je umfangreicher ihre Ausbildung gewesen ist, umso größer ist die Chance, eine genau passende Therapie für jeden Klienten zu finden. Wenn man als einziges Werkzeug einen Hammer hat, sieht sonst alles andere sehr nach einem Nagel aus. Und wer möchte für einen Nagel gehalten werden, wenn er eine Schraube ist?

Bei der Wahl eines Hypnotherapeuten sollte man besonders wählerisch sein, denn der Begriff »Hypnose« ist in Deutschland nicht geschützt und der Umgang damit auch nicht. Diese Lücke wird von allerlei Scharlatanen, selbst ernannten Heilern und Hypnotiseuren genutzt, vor denen man sich hüten sollte.

Auch Therapeuten lernen in jeder Sitzung dazu. Und im rechten Licht betrachtet, ist der Klient ohnehin ein Fachmann in der eigenen Sache. Schließlich weiß er unendlich viel mehr zur eigenen Person, zum Konflikt und zu seinen Möglichkeiten, als der Therapeut je dazu erfahren kann.

Es gilt ja nur für einen kleinen, bestimmten Bereich, dass Rat und Hilfe erforderlich sind.

Deshalb ist ein wertschätzender und gleichberechtigter Umgang miteinander von selbstverständlicher Bedeutung. Geheimniskrämerei im Bereich der Therapie und oberlehrerhafte Besserwisserei sind weniger gefragt bei Menschen, die ja außerhalb des Problembereichs ihr Leben eigenständig meistern.

Jede Form von Psychotherapie erfordert ein besonderes Vertrauensverhältnis zwischen den Parteien. Und es gibt immer wieder Menschen, mit denen sich eine solche Basis nicht herstellen lässt. Hypnotherapie stellt auch hier ganz besondere Anforderungen an die Qualität der Beziehung. Zwar ist der Klient in keiner Weise »ausgelieferter« als bei anderen Therapieverfahren, aber wer mit geschlossenen Augen auf seiner Unterlage liegt, muss in sein Umfeld uneingeschränktes Vertrauen haben können.

Vor dem Beginn einer jeden Hypnotherapie muss ein umfangreiches Vorgespräch klären, welche Glaubensmodelle, welche Maßstäbe für den Klienten von Bedeutung sind, wo alte Ängste und Missverständnisse zu finden sind und wo seine Empfindlichkeiten liegen. Denn einem übergewichtigen Klienten für den Weg in die Wohlfühltrance einen »wohlig schweren« Körper anzubieten, kann sehr gegenteilige Folgen haben. Und ist jemand als Kind einmal beinahe ertrunken, wird die Weite und Tiefe des Meeres als Bild für einen freien Horizont auch völlig ungeeignet sein.

Mitunter macht es Sinn, am Ende eines solchen Abschnittes über Hypnotherapeuten für ein paar Minuten die Augen zu schließen, sich bequem zurückzulehnen und vor dem inneren Auge noch einmal alle unterschiedlichen Gesichtspunkte zu visualisieren. Dann fällt es leicht, bei der Auswahl die eigenen Schwerpunkte zu setzen.

Grenzen und Risiken

Betrachtet man einmal, wie erfolgreich die Hypnotherapie bei der Behandlung psychischer, psychosomatischer und als Ergänzung bei organischen Erkrankungen zum Einsatz kommen kann, so scheint es sich fast um eine universelle therapeutische Wunderwaffe zu handeln, die gegen alles hilft und auch noch jedem. Und faszinierend ist es wirklich, welche Möglichkeiten sich aus der Arbeit damit für die Klienten und Therapeuten ergeben.

Gleichwohl ist Hypnotherapie ganz sicher keine Zauberei, und wer Wunder verspricht, ist ein Scharlatan.

Hypnotherapie ist vielmehr ein wissenschaftlich gut erforschtes Therapieverfahren, das ungewöhnlich vielseitig einzusetzen ist, aber natürlich auch an Grenzen stößt, die es zu beachten gilt. Und wie jede andere Therapie kann auch Hypnose nur Veränderungen bewirken, wenn der Klient seiner Lebensführung eine andere Richtung gibt. Hypnotherapie weist viele Wege, gehen aber muss sie der Klient. Dann allerdings ist der Erfolg gewiss.

Dieser Umstand schränkt auch die Methode ein: Hypnotherapie ist daher nur für Menschen geeignet, die in ihrem Leben wirklich etwas ändern wollen.

Wer das Gespräch mit dem Therapeuten mehr zur Unterhaltung nutzen möchte, weil er außer dem Friseur vielleicht der einzige alternative Gesprächspartner ist, sollte es mit Hypnotherapie gar nicht erst versuchen.

Daneben muss eine sprachliche Verständigung zwischen dem Therapeuten und dem Klienten möglich sein. Hypnotherapie lebt zunächst einmal von der Sprache, weil der Therapeut seine »Einladungen« nur auf diese Weise eindeutig formulieren kann. Hypnose ist auch ohne verbalen Austausch möglich, Hypnotherapie dagegen nicht. Danach erst sind die Phantasie und die Umsetzung der Worte in das eigene innere Erleben die nächsten Schritte. Grenzen sind also immer dort zu finden, wo man sich nicht verständigen kann. Es ist nachgewiesen, dass auch mit intellektuell sehr stark eingeschränkten und mental behinderten Menschen eine Hypnotherapie durchaus möglich ist. Allerdings gibt es nur sehr wenige Therapeuten, die einer solchen Aufgabe gewachsen sind und die sich in diesem Kommunikationssystem zurechtfinden können. Die eingeschränkten Fähigkeiten des Therapeuten stellen hier also die Grenze dar.

Wer an einer Psychose leidet, die mit Halluzinationen, dem Hören von Stimmen oder wahnhaften Ideen verbunden ist, wird mit Hypnotherapie nicht arbeiten können. Zwar liegen manche Berichte über erfolgreiches Arbeiten durchaus vor, grundsätzlich aber verunsichert Hypnose mit den erweiterten Möglichkeiten der Wahrnehmung solche Klienten eher und kann eine akute Verschlechterung des Krankheitsbildes auslösen. Das gilt in ähnlicher Weise für manische Menschen, die unter gehobenen Stimmungen mit stark gesteigertem Antrieb und einer starken Selbstüberschätzung leiden. Sie befinden sich ohnehin in einem sehr erregten Zustand und sollten sich nicht noch zusätzlich mit anderen, neuen Eindrücken belasten, um nicht gänzlich ihre Orientierung und die Bodenhaftung zu verlieren.

Ansonsten setzt grundsätzlich immer der Klient, mit dem man in der Hypnotherapie arbeitet, alle Grenzen. Seine moralischen Grundsätze, seine Verdrängungswünsche, seine Offenbarungs- und Bearbeitungswünsche setzen den Handlungs- und Erlebnisrahmen nach diesen eigenen Richtlinien fest. Daran kann kein Therapeut rütteln, diese Grenzen sind unüberwindbar.

Gefahren bei der Anwendung von Hypnose und Hypnotherapie lauern vor allem in einer unqualifizierten und unkontrollierten Anwendung.

Showhypnosen in Diskotheken und auf der Bühne belegen eindrucksvoll, wie eine glänzende Therapiemethode durch missbräuchliche Anwendung verunglimpft werden kann und zur Gefahr für die beteiligten Zuschauer wird.

Da werden ohne jede Aufklärung über Hintergründe und Risiken, ohne Kenntnis der persönlichen Geschichte dem Hypnotiseur völlig unbekannte Menschen auf die Bühne geholt, um der Belustigung von anderen zu dienen. Sehr geschickt und schnell findet der erfahrene »Meister mit den magischen Kräften« heraus, welche der Freiwilligen besonders leicht beeinflussbar sind, die anderen schickt er als »Versager« wieder auf ihre Plätze. Meistens mischen sich unter diese Auswahl noch einige vorab »gekaufte« Simulanten, die das »Team« eindrucksvoll ergänzen. Diesen handverlesenen Teilnehmern werden nun die abenteuerlichsten Bilder suggeriert wie das Essen saurer Zitronen (harmlos) oder panische Angst vor einem wilden Tier (weniger harmlos) oder das Eingesperrtsein in einem Reagenzglas (schon gefährlich) oder die Annahme einer gänzlich anderen Identität (sehr gefährlich). Für die Menschen im Forum sieht es so aus, als sei die Macht des Hypnosemagiers grenzenlos, und alle amüsieren sich prächtig. Dabei gilt, dass auch hier auf der Bühne nur möglich wird, wozu der Teilnehmer seine Einwilligung gibt. Und die hat jeder von ihnen tatsächlich innerlich und äußerlich gegeben. Schon der Wunsch, auf der Bühne zu stehen, etwas Besonderes zu sein, und der Druck, zu den wenigen Auserwählten zu gehören, die der Meister am Ende akzeptiert, üben einen starken Reiz aus, dem der Proband durch seine Zustimmung erliegt: Er will den Ausführungen Folge leisten. Das macht er selbst dann, wenn gar keine Trance besteht, sondern eine solche nur vorgetäuscht wird. Besonders die spektakulären Handlungen wie das Laufen über glühende Kohlen oder Glasscherben, das stocksteife Liegen zwischen zwei Stühlen oder das Umfallen auf leichten Stirndruck durch den Hypnotiseur ausgeübt, gelingen nachweislich sehr gut auch ohne jede Trance.

In jedem Fall setzt sich jeder Teilnehmer einer solchen Veranstaltung großen Risiken aus. Da der Hypnotiseur seine Opfer überhaupt nicht kennt, kann es zu folgenschweren Reaktionen kommen. Leidet jemand unter einer Zwangsangst in engen Räumen, können entsprechende Suggestionen tagelang diese Ängste verstärken. Auch können bis dahin verborgene, noch nicht bewusste oder bewusst unterdrückte Konflikte an die Oberfläche kommen, denen der Teilnehmer in keiner Weise gewachsen ist. Der Hypnotiseur kann, selbst wenn er so etwas bemerken würde, auch nicht eingreifen, weil ihm die Ausbildung dafür fehlt. Beides kann fatale Folgen haben. Im Anschluss an solche Veranstaltungen hat man schon Personen aufgegriffen, die lange noch desorientiert durch die Gegend irrten, weil der Hypnotiseur seine Hypnose nicht angemessen zurückgenommen und beendet hatte.

Kopfschmerzen, Benommenheit oder Schwindel gehören neben leichten Verwirrtheitszuständen noch zu den »harmloseren« Nebenwirkungen dergestalt gefährlicher Showhypnosen, die glücklicherweise in den meisten europäischen Ländern verboten sind.

Wer Scharlatane und selbst ernannte Heiler, die mit hypnotischen Techniken arbeiten, freiwillig aufsucht, trägt dafür auch die Verantwortung.

Allerdings gerät man mitunter auch ohne Wissen und Zustimmung an Menschen, die mit Hypnosetechniken arbeiten, ohne diese als solche zu kennzeichnen. Dazu gehören manche Kurse für das autogene Training, ein Entspannungsverfahren, das eben gerade nur der Entspannung dienen soll und »autogen«, also ohne fremden Einfluss, geübt werden soll. Immer wieder findet man aber Kurse, in denen der Leiter seine Teilnehmer mit ruhiger und gleichmäßiger Stimme in den Entspannungszustand hineinführt. Das ist dann Hypnose und kein »autogenes« Training.

In einigen Yoga-Angeboten, Wellness-Traumreisen oder auf Reiki-Seminaren wird auch Hypnose eingesetzt. Darauf sollte man als Teilnehmer solcher Veranstaltungen achten, soweit das immer möglich ist.

Um solchem Missbrauch vorzubeugen, bilden die seriösen Hypnosegesellschaften nur Interessenten aus, die über einen qualifizierenden Berufsabschluss verfügen: Psychologen, Ärzte, Zahnärzte oder Psychotherapeuten. Der Gesundheitsmarkt treibt aber bunte Blüten und in nahezu jeder Stadt werden Wochenendkurse angeboten, die für viel Geld ein Minimum an Wissen zur Anwendung von Hypnose vermitteln. Dafür gibt es dann ein Zertifikat, das Qualifikation vortäuschen oder ersetzen soll.

Hypnotherapie von seriösen Therapeuten ist risikolos und nebenwirkungsfrei!

3. Krankheiten – Hintergründe und Verlauf

Neurodermitis – eine quälende Erscheinung

Es ist schon ein ganz besonderer Genuss, sich in der eigenen Haut wohl zu fühlen, denn Haut gibt Schutz und Geborgenheit. Die Haut grenzt ab, die Haut trennt, die Haut verbindet, die Haut ist sehr empfindlich und auch sehr robust. Die Haut ruft auch Gefühle hervor. Wenn zarte Haut vorsichtig gestreichelt wird, löst das wohlige Empfindungen aus und überträgt auch selber diesen angenehmen Reiz. Leises Frösteln führt dazu, dass sich die feinen Härchen aufstellen und die Haut noch sensibler für Berührungen werden kann.

Wenn Sonne auf die Haut scheint, spürt man, dass herrliche Wärme auch Nähe und Geborgenheit symbolisieren kann. Regentropfen prasseln auf die Haut und lösen dabei ein belebendes Prickeln aus. Das erweckt ein Gefühl von besonders intensivem Leben.

Warmer Wind kann am Strand die Haut liebevoll umschmeicheln wie ein sanftes Tuch, Sturmböen können dagegen fast wie Peitschenhiebe spürbar sein.

Klare und sehr frostige Luft beißt die Haut, und wenn man danach in ein warmes Zimmer kommt, scheint sie vor Hitze fast zu platzen.

Eine Haut, die friert, kann alle Muskeln zum Zittern bringen.

Die Haut ist sehr verletzlich und kann sehr schmerzhaft reagieren, wenn sie einem Messer, dem Feuer oder bei einem Sturz harten Kanten zu nahe kommt.

Ein quälender und unablässiger Juckreiz der Haut kann einem das Leben zur Hölle machen.

Menschen, die an **Neurodermitis** erkrankt sind, wissen das aus täglich leidvoller Erfahrung.

Ihre Haut ist an einigen Stellen des Körpers oder in großen Flächen stark gerötet, verdickt oder gequollen. Die Oberfläche ist oft eingerissen, Schuppen treten auf. Die Haut brennt und juckt in gleicher Weise intensiv und unaufhörlich. Wer den Juckreiz durch Kratzen mindern möchte, spürt für Sekunden Erleichterung. Aber kurz darauf wird das Brennen unerträglich, und auch der quälende Impuls zu kratzen kehrt ungeschwächt zurück. Die Haut entzündet sich oft zusätzlich, blutet dann und nässt. Das Wechseln von Kleidung und Bettwäsche wird fast täglich erforderlich. Manche Menschen wickeln sich großflächig zur Nacht in Verbände ein.

Neurodermitiker sind oft sehr verzweifelt und unglücklich in ihrer Haut.

BEISPIEL:

Beate S. wohnte in einem kleinen Ort im Norden von Schleswig-Holstein. Sie war 26 Jahre alt, verheiratet und hatte zwei zauberhafte Kinder, die sie sehr fürsorglich betreute. Die Kinder waren zwei und vier Jahre alt und hatten noch nie Körperhautkontakt mit ihrer Mutter gehabt.

Denn Beate S. litt an einer sehr ausgeprägten Neurodermitis, die nahezu alle Partien ihres Körpers befallen hatte. Überall verteilt fanden sich die entzündlichen Bezirke, ihre Haut war stark verdickt, die Hände rissig und hart, das Gesicht war gerötet und verquollen wie nach einem viel zu langen Sonnenbad. Die Säuglinge konnten nicht gestillt werden, weil beide Brüste von einem stark nässenden Ekzem überzogen waren, die Brustwarzen zeigten sich entzündet. So war von Geburt an der direkte Hautkontakt zu den Kindern nahezu unmöglich.

Frau S. litt unter diesen Bedingungen noch mehr als unter dem ständigen Juckreiz, den nächtlichen Kratzverletzungen und den dicken Bandagen. Auch der Körperkontakt zum Ehemann war so stark beeinträchtigt, dass eine erotische Beziehung nicht mehr entstehen konnte. Die Klientin wollte niemandem den Anblick der entzündeten Hautareale zumuten und brach auch die Kontakte zum sozialen Umfeld ab.

Die medikamentösen Behandlungsversuche brachten kurzfristig Erfolg: Bäder in salzhaltigen Lösungen, Bestrahlungen mit UV-Licht, unzählige Diäten und Nahrungsergänzungsstoffe, Fischölkapseln, Nachtkerzenöle und alle erreichbaren Geheimrezepturen hatten jeweils Linderung für einige Wochen beschert. Aber immer dann, wenn ein Durchbruch geschafft schien, traten neue und heftigere Entzündungsschübe auf. Am Ende der Behandlungskette stand dann Cortison in Cremes und als Tabletten. Wegen der Nebenwirkungen nahm Frau S. diese Medikamente nur dann, wenn sie keinen anderen Ausweg mehr sah und die Beschwerden unerträglich wurden.

Vor diesem Hintergrund suchte Frau S. mich in der Praxis auf, nachdem sie über eine Freundin von Hypnotherapie gehört hatte.

Hypnotherapie berücksichtigt in gleicher Weise seelische und körperliche Zusammenhänge bei der Behandlung von Neurodermitis.

Es ist wissenschaftlich nachgewiesen, dass während einer Hypnose eine Vielzahl von körperlichen Funktionen positiv beeinflusst werden. Bei der Neurodermitis spielen allergische Reaktionen des Körpers ebenso eine große Rolle wie entzündliche Veränderungen. Von überragender Bedeutung für den Krankheitsverlauf sind bestimmte Botenstoffe im Körper, die zu Hautrötungen, Schwellungen und Juckreiz führen, und Zellen, die allergisch reagieren und diese Prozesse noch verstärken. Mit Hypnotherapie wird die Ausschüttung solcher Botenstoffe ins Blut vermindert und die Aktivität der allergisch tätigen Zellen gedämpft.

In der Folge laufen alle Hautreaktionen milder ab, die Entzündung geht zurück, wobei der Juckreiz sich abschwächt. Während der Hypnosesitzungen und noch einige Stunden danach sind diese Auswirkungen spürbar. Durch regelmäßige Behandlungen und durch den Einsatz von Selbsthypnose lassen sich die Effekte verstärken und die Wirkungsdauer verlängern.

Auf der seelischen Ebene zeigen sich bei Neurodermitispatienten häufig sehr typische Spannungsfelder und Verhaltensmuster. Ändert der Patient diese Spannungsfelder, ändert sich auch der Verlauf der Krankheit in beeindruckender Art und Weise: Die entzündete Haut heilt ab und regeneriert sich nach und nach bis hin zur Normalität.

Natürlich sind die Aufgaben und Veränderungen weder im Handumdrehen noch im Vorübergehen zu leisten. Es erfordert konsequente und zielstrebige Arbeit über einige Wochen und mitunter Monate hinweg, die gemeinsam mit dem Therapeuten und dann auch vom Klienten alleine zu leisten ist.

Als Frau S. hörte, dass auch mit Hypnose keine Wunder zu erwarten seien, reagierte sie zunächst enttäuscht. Die Aussicht allerdings, bei kontinuierlicher Arbeit vielleicht irgendwann einmal wieder in eine »normale« Haut schlüpfen zu können, bewog sie dann schließlich doch, die Behandlung zu beginnen.

Nach der Eingewöhnungsphase, in der Frau S. sich mit der Hypnose vertraut machte, folgte die gemeinsame Suche nach Spannungsfeldern, die eine Rolle bei ihrer Erkrankung spielen konnten. Diese Spannungsfeldsuche wäre im wachbewussten Zustand so kaum möglich.

Wer wüsste schon eine Antwort auf die Frage: »Und welchen Hintergrund hat nun deine Erkrankung?« Bei der Arbeit in Hypnose nimmt diese Phase der Behandlung meistens den kleinsten zeitlichen Teil in Anspruch. Denn ungleich schwieriger und hindernisreicher stellt sich die Frage nach Änderungen und danach, wie sich diese dann auch im Alltag umsetzen lassen.

Bei Frau S. fanden wir zusammen einen Hintergrund, wie man ihn häufig bei Menschen mit Neurodermitis findet: Es gab Probleme mit einer eigenverantwortlichen Lebensgestaltung. Auf der einen Seite erlebte sich die Klientin als eine sehr selbstständige und moderne junge Frau, die ihr Leben gerne in die Hand nehmen wollte und den Anspruch hatte, ihre Kinder nach eigenen Regeln und Werten aufzuziehen. Zum anderen aber stellte sich ihr stets die bange Frage, ob diese eigenen Maßstäbe und Richtlinien wirklich gut und richtig waren und ob sie der Verantwortung im Umgang mit den Kindern wirklich gewachsen war. Auf einer anderen Ebene hatte sich dieser Konflikt zwischen dem Wunsch nach Eigenständigkeit und der Angst vor der Übernahme von Verantwortung schon immer durch das Leben von Frau S. gezogen.

Wer es nicht für möglich hält, dass ein solches Spannungsfeld mit ursächlich für eine Erkrankung sein kann, unterschätzt die Schwierigkeiten, die sich mit einer Änderung einer solchen langjährigen inneren Überzeugung verbinden. Denn der wesentliche Grund für den Konflikt im Leben der Frau S. lag schließlich darin, dass sie im bisherigen Leben nicht genügend Selbstvertrauen entwickelt hatte, um wirklich eigenständig agieren zu können und nicht täglich von Zweifeln an der Richtigkeit des eigenen Handelns geplagt zu sein. Und für eine solche innere Überzeugung, den Anforderungen des Lebens eher nicht eigenverantwortlich gewachsen zu sein, gab es natürlich auch Gründe. Gründe, die in den vergangenen Lebensjahren zu suchen waren. Frau S. musste daher in der gemeinsamen Arbeit die »alten« Überzeugungen, die ja auf Erfahrungen beruhten, ablegen, und an deren Stelle neue, eigene Maßstäbe und Sicherheiten setzen.

Das war eine sehr umfangreiche Arbeit und Aufgabe, und Zeit wurde dafür auch benötigt.

Denn innere Überzeugungen, die zwanzig Jahre oder länger bestehen, ändert niemand so schnell und schon gar nicht so einfach.

Dieser Veränderungsprozess wurde durch eine Aufgabe eingeleitet, die Frau S. nach dem Übergang in einen wohltuenden Trancezustand für sich in aller Ruhe bearbeiten konnte.

Es ist unglaublich, welche überragende Rolle Maßstäbe in unserem Leben spielen: große, kleine, dicke, dünne, immer und überall wird man vermessen.

Das geht ja schon im Säuglingsalter los, ob denn die Zähne früher kommen als bei den Geschwistern, wann man endlich krabbeln kann, wo doch das Nachbarskind bald läuft. Dann geht es in der Schule weiter, wer zuerst und schneller lesen kann, ist man dumm oder schlau? Zuerst sind es die Eltern, die messen, dann die Nachbarn, bis der Lehrer kommt. Immer wird man nur vermessen. Und natürlich misst man selbst auch sein ganzes Leben lang. Oft wird man sein Gefühl nicht los, dass so mancher Maßstab gar nicht passt. Da macht es Sinn, einmal Ordnung und auch Übersicht zu schaffen. Denn Klarheit gibt ja Sicherheit im eigenen Leben, das ist nun einmal so. Und deshalb können Sie jetzt einmal auf die Suche gehen und die Maßstäbe in Ihrem Leben sammeln, alle, die Sie finden können, von früher Kindheit an bis heute. Da kommt ganz schön etwas zusammen, wenn man alle Maßstäbe auf den Haufen legt. Und dann geht das Sortieren los:

Auf den ersten Haufen kommen alle Maßstäbe, von denen man ganz sicher weiß, dass sie ganz falsch und völlig ungeeignet sind, den Wert im eigenen Leben zu bestimmen. Die können sicher und auf Dauer weg.

Der zweite Berg wird oft recht groß zu finden sein, denn dort sortiert man alle Maßstäbe hin, die im Leben jetzt noch eine Rolle spielen, obwohl sie nicht ganz richtig sind und man sie dennoch täglich nutzt. Und man spürt dann auch sogleich, warum man diese trotzdem nutzt.

Der nächste Haufen wird schon klein. Denn dort kommen alle Maßstäbe hin, die man aus Erfahrung jetzt für richtig hält. Die waren einstmals auch ganz fremd, aber sie haben sich bewährt, und deshalb kann man sie jetzt nutzen fast so, als wenn es die eigenen wären.

Ganz zum Schluss bleibt dann noch einer übrig, und der wird oft nicht leicht zu finden sein, er ist manchmal etwas unscheinbar und doch so wichtig wie sonst keiner. Denn dieser eigene Maßstab kommt aus der eigenen inneren Mitte, und nur dieser eine ist der, der wirklich passt, weil es ja der wirklich eigene ist. An diesem einen müssen sich im Leben alle anderen messen lassen und nicht etwa umgekehrt. Sie haben jetzt die Zeit und nehmen sie sich, zu schauen, zu suchen. Dann sortieren Sie, was wirklich wichtig für Sie ist.

Und schließlich können Sie dann irgendwann entscheiden, wann der eigene Maßstab in Ihrem Leben dann wirklich seinen Platz einnehmen kann. Vielleicht in ein paar Tagen schon, vielleicht braucht das auch noch seine Zeit: Sie werden Schritt für Schritt entdecken können, wie herrlich es ist, sich wohl zu fühlen und in glatter und geschmeidiger Haut den Tag selbst nach eigenen Werten zu gestalten, mit Sicherheit. Denn meistens sind es ja vor allem die kleinen Entscheidungen, die auf dem Weg zu einer glatten kühlen Haut Großes bewirken.

Dafür können Sie die Zeit jetzt nutzen bis Sie meine Stimme wieder hören.

Diese sehr umfangreiche Aufgabe hat die Klientin zunächst fast eine Stunde lang beschäftigt.

Und im Anschluss an die Sitzung war manches auch schon klarer. *Allerdings wirken Worte lange nach und bleiben unvergesslich haften.* Der Inhalt der Aufgabe lautete: *Finde heraus, wo du wirklich nach deinem Maßstab im Leben handelst. Erkenne, wo deine Handlungsrichtlinien im Alltag ihren Ursprung haben, und wie du es anstellen musst, damit du selbst Verantwortung übernehmen kannst. Schau, wie du auf diesem Wege die Sicherheit findest, die es dir erlaubt, deine Lebensführung jetzt vollständig und ohne Angst in die eigenen Hände zu nehmen.*

Jede dieser versteckten oder bewussten Aufforderungen löste im Alltag neue Suchprozesse auf dem Weg zu eigener Sicherheit und selbstbewusstem Handeln aus.

Wie der Anstoß eines ersten Dominosteines in einer langen Reihe wurde über viele Tage und Wochen auf diese Weise ein sehr umfangreiches »Arbeitsprogramm« bei der Klientin ins Rollen gebracht.

Interessant und völlig überraschend für Frau S. war dann, dass direkt am nächsten Morgen nach dieser Therapiesitzung ihr Gesicht zum ersten Mal seit vielen Jahren völlig ohne jedes Entzündungszeichen war. Dieser sehr beglückende Zustand hielt allerdings nur eine Woche an, und dann zeigte sich wieder die Neurodermitis. Das verwunderte auch nicht, denn die Klientin hatte ja noch nicht wirklich etwas an ihren inneren Glaubensgrundsätzen geändert. Sie hatte nur einmal »über den Zaun geschaut« und dabei eine sehr überraschende Entdeckung gemacht: Die Haut hatte reagiert!

Insgesamt hat Frau S. zwei Jahre an den Veränderungen gearbeitet und dabei etwa vierzig ambulante Therapiesitzungen in Anspruch genommen. Die Krankheit heilte nach und nach ab, es gab immer wieder überraschende Fortschritte und auch immer einmal wieder Tage, die Rückfälle signalisierten. Seit nunmehr acht Jahren ist diese Klientin aber gänzlich von ihrer Neurodermitis befreit, so ganz ohne Zauberei, aber mit Hilfe von Hypnotherapie und konsequenter Arbeit.

Depression – die Einsamkeit mitten im Leben

Depressionen erscheinen anfangs immer inkognito oder unter einem Pseudonym. Sie kommen zu jeder Tageszeit, mitunter auch des Nachts.

Am Morgen fühlt man sich erschlagen, bleiern und schwer sind die Glieder, und es kostet sehr viel Kraft, allein nur den Gang ins Badezimmer anzutreten. Im Spiegel entdeckt man sein bleiches Gesicht mit verquollenen Lidern, und irgendwie wirkt es so seltsam fremd.

Vertraut ist dieser Zustand, denn Erholung bringt der Schlaf schon lange nicht mehr, eine Stunde, vielleicht zwei, dann liegt man wach und sinnt bis in den Morgen. Mitunter fordert die Erschöpfung ihren Preis, und man sinkt noch einmal in eine kurze Phase traumlos-tiefer Bewusstlosigkeit, die dann der Wecker penetrant wieder stört.

Zwei oder drei Tassen starken Kaffees vertreiben die Müdigkeit oberflächlich, aber der Appetit bleibt schon beim Frühstück auf der Strecke.

Lustlos nimmt der Tag dann seinen Lauf: monotones Einerlei, Tag für Tag, Woche für Woche, Monat für Monat, immer dieselbe Litanei. Da macht es keinen Unterschied, ob im Beruf jemand anderer die Weichen stellt und Sie die alten Gleise immer wieder neu befahren, oder ob Sie für andere den Weg bestimmen und Tätigkeiten delegieren können.

Irgendwie macht das alles keinen Sinn.

Die Familie war einst für Sie ein Hort der Geborgenheit, dem Sie mit Inbrunst, Liebe und viel Engagement Sinn und Inhalt gaben, und der Ihnen das dann auch widerspiegelte.

Jetzt sind die Kinder fast erwachsen. Die tägliche Arbeit im Haus, all das Geschirr, die Wäsche, der Einkauf, immer wieder etwas Neues gibt es zu kochen, und wirklich ändern tut sich nichts. Am Abend scheint es so, als hätten Sie den Tag nur sinnlos verbracht und Ihre Zeit vertan. Und dabei geht das Leben doch voran und man wird täglich älter.

Das soll es etwa schon gewesen sein?

Dann nagen täglich Schuldgefühle und das »schlechte Gewissen« meldet sich lautstark zu Wort. Eigentlich geht es Ihnen doch so gut. Natürlich gibt es hier und dort Probleme, aber das Haus, die Wohnung, das Einkommen ist gesichert, der Mann ist aufmerksam, und auch die Kinder lieben ihre Mutter sehr. Ist es da nicht furchtbar undankbar, all dem mit Widerwillen, Müdigkeit, Gleichgültigkeit oder Abwehr zu begegnen?

Haben Sie es überhaupt verdient, dass man Sie liebt und achtet? Und erleben Sie nicht gerade eher, wie nutzlos und ohne Wert Sie Ihre Tage so vergeuden?

Wie gut, dass auf den Tag ein Abend folgt, an dem man sich unter eine Decke flüchten kann.

Sehr häufig gesellen sich dazu dann noch Angst und ein Gefühl von Aussichtslosigkeit.

Als vermeintlicher Ausweg bietet sich vielen Menschen der Weg in die Krankheit an.

Natürlich ist das keine sehr bewusste Wahl im eigentlichen Sinne, aber der Körper hört die seelischen Signale Tag für Tag und stellt sich schließlich darauf ein: Körper und Seele gehen immer Hand in Hand.

Denn Krankheit ist endlich der Beweis, dass es einem wirklich schlecht geht. Keiner weiß doch, wie es wirklich ganz tief dort drinnen aussieht! Keiner macht sich auch nur eine vage Vorstellung davon, wie erbärmlich man sich fühlt! Krankheit zeigt der Außenwelt, wie es wirklich um einen bestellt ist.

Besonders häufig treten in diesem Zusammenhang diffuse Schmerzen auf. Davon können alle Muskeln betroffen sein, die Gelenke scheinen zu versteifen. Am Anfang ordnet man das einem Infekt zu, denn im Rahmen von Infekten treten häufig Gliederschmerzen auf. Nach Wochen sucht man dann den Hausarzt auf, der Blut abnimmt und das Serum untersuchen lässt. Alles bleibt ohne schlagendes Ergebnis. Sicher wird ein Schmerzmittel verordnet oder ein Entzündungshemmer. Wirklich helfen tut das aber nicht. Es stehen dann Besuche beim Orthopäden an, der auch nach zahlreichen Untersuchungen, dem Röntgen und dem Szintigramm an einen Rheumatologen überweist. Dort finden sich immer noch keine wirklichen Entzündungszeichen, das Blutbild ist normal, aber die Schmerzen dauern an. Und sehr oft bekommt man dann eine Diagnose zugeteilt: Fibromyalgie! Die Medikamente sind die gleichen wie zuvor, Bewegungsübungen werden empfohlen, viel frische Luft und auch gesunde Kost.

Mehr kann die Medizin nicht leisten. Und tief im Inneren spüren Sie, dass da noch andere Hintergründe sind.

Ganz ähnlich leiden viele depressive Menschen unter Beschwerden im gesamten Magen- und Darmbereich. Krampfartige Schmerzen treten auf, Verstopfung oder Durchfälle. Man denkt zuerst an eine Magen-Darm-Grippe (Gastritis) und schont den Magen in der nächsten Zeit. Wenn die Beschwerden sich nicht verbessern, sucht man wieder seinen Hausarzt auf. Nach Wochen findet dann eine Magenspiegelung statt, die unauffällige Schleimhautverhältnisse zeigt. Einen Monat später wird zur Sicherheit der Dickdarm untersucht, man will ja schließlich auch nichts übersehen. Aber die Ursache für alle Beschwerden lässt sich keinem organischen Beschwerdebild zuordnen.

Und natürlich denkt so mancher an Krebs, wenn sich die Beschwerden häufen: Müdigkeit, Konzentrationsverlust, der Körper ist nicht mehr belastbar, das Gewicht vermindert sich, und immer wieder schmerzt es hier und da und nirgendwo. Wer einmal damit beginnt, den Körper auf Symptome zu untersuchen, wird auch ständig fündig werden. Denn mit der entsprechenden Angst im Nacken, lässt sich hinter jeder noch so normalen Regung des Körpers eine Krankheit vermuten. Mitunter kann es in einem solchen Fall Monate dauern, bis alle diagnostischen Möglichkeiten voll ausgeschöpft sind und der Körper allen Beschwerden zum Trotz den Stempel »gesund« bekommt.

So werden die körperlichen Beschwerden zu einem Bumerang. Anfangs sichern sie Aufmerksamkeit und Verständnis, man ist ja schließlich krank. Und konnte vorher kaum jemand seelische Beschwerden so richtig nachvollziehen, so war es bei körperlichen Beschwerden anders. Je deutlicher sich dann aber erweist, dass den Symptomen keine organische Ursache zuzuordnen ist, umso kürzer wird die Zeit, die einem der Arzt oder der Partner diesbezüglich zubilligen mag. Dabei fühlt man sich unverändert krank und nun auch wieder gänzlich unverstanden.

Depressionen und Schuldgefühle wachsen auf solchem Nährboden täglich spürbar weiter.

Und die Verzweiflung wächst mit.

Beispiel:

Frau S. kam ziemlich verzweifelt in meine Hypnotherapie-Sprechstunde.

Sie sah sehr blass aus, war abgeschlagen, müde und seelisch völlig erschöpft.

Unser Gespräch war oft von Weinanfällen unterbrochen und derer schämte sie sich sehr.

Überhaupt spielte der Begriff »Scham« in ihrem Alltag eine unglaublich große Rolle und bestimmte viel von ihrem Tun.

Frau S. schämte sich dafür, dass sie fremde Hilfe in Anspruch nehmen musste. Frau S. schämte sich auch dafür, dass sie überhaupt Probleme hatte.

Ihr Leben lang hatte Frau S. immer versucht, es allen Menschen recht zu machen. Erst waren das die Eltern gewesen, dann die Lehrer in der Schule, die Freundinnen, dann der Ehemann, schließlich die Kinder, immer gab es Personen im Umfeld, deren Bedürfnisse erfüllt werden mussten. Diese Aufgabe erfüllte die Klientin mit großer Hingabe und mit aller Kraft.

Und wie das immer im Leben so ist, wollten alle, die ohnehin schon alles bekamen, immer noch mehr. Jeder lud seine »Päckchen« bei ihr ab, in dem sicheren Wissen, dass sie sich schon darum kümmern würde. Und natürlich war Frau S. auch schuld an allem Ungemach, so meinte sie. War einmal jemand unzufrieden, war sicher sie der Grund dafür gewesen. Kam der Ehemann schlecht gelaunt von seiner Arbeit nach Hause, sah sich Frau S. natürlich in der Pflicht, für Aufmunterung zu sorgen.

Im letzten Jahr hatten sich dann alle Beschwerden eingestellt, die man in der Folge so erwarten kann: Erschöpfung, Schlaflosigkeit, Verlust von jeder Lebensfreude, heimlich weinte Frau S. auch viel, das Körpergewicht verringerte sich ständig. Irgendwann nach vielen Wochen suchte Frau S, schließlich einen Arzt auf, der alle möglichen Untersuchungen durchführte mit dem Ergebnis: Sie sei völlig gesund.

Es erfüllte die Klientin nun mit tiefer Scham, in den Augen des Arztes als eingebildete Kranke dazustehen. Und in der Familie gab es auch immer häufiger Ärger und Krach, weil Frau S. hin und wieder einmal dies und das vergaß oder die Arbeit einfach nicht mehr schaffte.

Mitunter ging ihr dann auch durch den Kopf, dass man allem vielleicht ein Ende setzen müsste, um endlich Ruhe zu erfahren.

Dann las Frau S. von Hypnotherapie und fasste endlich einmal den Mut, sich mit ihren Gefühlen einem Menschen anzuvertrauen.

Im Rahmen ihrer Therapie waren für Frau S. zwei Hypnosesitzungen von sehr zentraler Bedeutung. Begonnen haben wir die gemeinsame Arbeit nach dem Vorgespräch mit den folgenden Einladungen:

Wer sein Leben lang für andere Tag und Nacht geschuftet hat, der ist irgendwann ja auch mal dran, das ist ganz natürlich so und auch ganz sicher. Denn nur wer selbst genügend Kräfte hat, kann andere auch gut versorgen. Kräfte, die man in der eigenen Mitte weiter und tiefer sicher finden kann. Denn wer seine Augen schließt und sich nach innen wendet, wird dort sicher eine Menge finden können. Denn schon mit dem Schließen der Augen fällt es leicht, sich weiter und tiefer nach innen zu wenden, so dass man spüren kann, wie Ruhe oder Geborgenheit, wie Harmonie oder Frieden sich immer weiter vertiefen. Jeder geht ja seinen Weg in seine Wohlfühltrance auf seine eigene Art und Weise, so, wie es gerade gut und richtig ist. Ihr Unbewusstes wird dabei an Ihrer Seite sein, so dass Sie Wege finden, Schritt für Schritt und auch mit Sicherheit. Es ist nicht immer leicht, verborgene Wünsche zu entdecken. Sie haben heute aber einmal die Möglichkeit, endlich zu den eigenen Bedürfnissen zu finden. Und deshalb dürfen Sie heute einmal Ihre innere Familie kennen lernen. Die eigene innere Familie, die hat nichts mit der Herkunftsfamilie zu tun, und sie steht auch nicht direkt in Verbindung mit ihrer jetzigen Familie zu Hause. Die eigene innere Familie, das sind wie die Kinder alle Ihre Wünsche, Sehnsüchte und Bedürfnisse, die in Ihrem Leben eine Rolle spielen oder gespielt haben, allen werden Sie dort begegnen können. Dort werden Sie recht gut genährte, pausbäckige Kinder treffen wie das Pflichtgefühl, denn darum haben Sie sich immer ganz besonders gekümmert, oder auch die Verantwortung wird sehr mit Ihrer Aufmerksamkeit zufrieden sein. Aber andere werden auch dort sein, die ein wenig stiller sind und kleiner, weil sie wenig oder gar keine Zuwendung im täglichen Leben bekamen wie die Lebensfreude, das Selbstwertgefühl oder die vielen kleinen Wünsche, die im Verborgenen bleiben. Alle werden Sie dort entdecken können. Und am Ende sollten Sie dann entscheiden, wem Sie künftig mehr oder weniger Ihre Aufmerksamkeit schenken möchten und mit wem Sie die Zukunft gestalten möchten, um Harmonie von Körper und Seele wieder spürbar im Alltag zu entdecken. Denn irgendwann sind Sie ja auch mal dran, das ist nun einmal so, und jeder wird das so verstehen können, ganz ohne Wenn und Aber.

In dieser Sitzung gewann Frau S. Klarheit über wichtige Zusammenhänge in ihrem Leben.

Ihr wurde klar, dass sie sehr lange eigene Wünsche und Bedürfnisse nicht zugelassen hatte.

Dabei handelte es sich nicht um besonders große oder aufwändige Sehnsüchte, sondern es waren die kleinen Dinge im Alltag, die sie jahrelang so für sich nicht in Anspruch genommen hatte. So hatte sie ihre Vorliebe für klassische Musik fast vergessen und sich dem wohltuenden Klang lange nicht mehr ausgesetzt. Außerdem hätte sie gerne wieder gemalt, aber dafür fand sie einfach nicht die Zeit. Die gelegentlichen Treffen mit Freundinnen waren schon längst den Kindern geopfert worden. Weiterhin konnte Frau S. herausfinden, dass längst nicht alles in der Vergangenheit so unbefriedigend und sinnlos gewesen war, wie sie sich das in der letzten Zeit vorgestellt hatte. Denn sie war schließlich gerne Hausfrau und Mutter gewesen und hatte jahrelang mit diesem Beruf genau ihre Wünsche leben können. Sie war allen Anforderungen auf das Beste gerecht geworden, konnte zu Recht stolz auf die Ergebnisse ihrer Bemühungen sein.

Die Klientin wurde bei dem Bewusstsein richtig wütend, dass sie sich all die Jahre den Lohn für ihre Arbeit, die eigene Anerkennung, vorenthalten hatte.

Natürlich erkannte sie auch, welche Bedürfnisse bei all der Fürsorge für die Familie und den Pflichten überhaupt nicht zum Zuge gekommen waren, und beschloss, das nun auch zu ändern.

Die wichtigste Erkenntnis für den Weg zurück in die Lebensfreude stellte aber die tiefe innere Erfahrung dar, dass sie aufgrund aller Leistungen in ihrem Leben wirklich alles Recht der Welt dafür in Anspruch nehmen konnte, es sich künftig »richtig gut gehen« zu lassen. Denn das war sie nun ihrer eigenen inneren Familie schuldig. Und als pflichtbewusster Mensch wollte sie diese natürlich nicht im Stich lassen.

Diese Zusammenhänge halfen der Klientin sehr, das Schamgefühl abzulegen, ihren Zustand nicht als Versagen, sondern letztendlich als logische Folge ihrer Lebensführung zu begreifen.

Dadurch erhielt sie wieder die Möglichkeit, aktiv in den als aussichtslos erlebten Kreislauf einzugreifen.

Da Frau S. diese Lehren aus dem eigenen inneren Erleben ziehen konnte, sie den eigenen Gefühlen zuordnen konnte, waren die Erkenntnisse ungleich wirkungsvoller und heilsamer, als wenn sie mit dem Wachbewusstsein und ohne Hypnose damit Bekanntschaft gemacht hätte. Jeder weiß aus der eigenen Erfahrung, dass tausend Worte nicht aufwiegen können, was man in der eigenen Mitte als sicheres Gefühl entdecken kann.

Natürlich waren damit auch nicht alle Probleme gelöst, aber die sichere Basis für Veränderungen war geschaffen worden.

Wir haben dann gemeinsam über eine Zeit von vier Wochen aufarbeiten können, warum Frau S. sich überhaupt immer in der Pflicht sah, es allen Menschen Recht zu machen. Wir haben an ihrem Verständnis von Selbstwert gearbeitet, uns um die Lebensfreude gekümmert, Bedürfnisse in ihrer ehelichen Beziehung betrachtet und eine Struktur erstellt, wie man nach diesen Erkenntnissen den Alltag gestalten könnte. Denn erst die praktische Umsetzung macht aus einer Theorie eine wirklich wirksame Therapie. Und alles braucht ja seine Zeit, wie Sie schon wissen.

Zum Abschluss wurde Frau S. noch zu einer Grenzziehung eingeladen, um dauerhaft Erfolg zu sichern. Nach der Herstellung ihrer Wohlfühltrance hat sich die Klientin mit der folgenden Aufgabe beschäftigt:

Grenzen spielen im Leben eines jeden Menschen eine große Rolle. Denn Grenzen schützen und geben Freiraum nach innen und Sicherheit nach außen, oder Freiraum nach außen und Sicherheit nach innen? Wer weiß das schon? Früher war das alles einfach. Wenn es da einmal Grenzen zu ziehen gab, dann setzten sich alle auf ein Pferd, jeder hatte ein paar Grenzpfähle dabei, auf ein Kommando ritten alle los, und wer zuerst vor Ort war, steckte die Grenzen ab. Kam jemand dann darüber, so wurde er erschossen. So einfach war das damals. Heute gibt es viel mehr zu bedenken, wenn einer Grenzen ziehen will. Aber ohne Grenzen geht ja gar nichts. Schauen Sie doch einmal, wo Grenzen in Ihrem Leben zu finden sind. Welche schon gezogen wurden, wo noch völlig freier Grenzverkehr im Alltag herrscht und jeder wie er kann sich in Ihrem Territorium befindet. Und auch, wie sich das bislang spürbar machen konnte in dem täglichen »Geschäft«. Und dann schauen Sie einmal, wo Sie endlich neue Grenzen ziehen möchten, wo es Sicherungen einzubauen gilt und wo man Grenzen zur Not auch verteidigen muss, damit eigene Wünsche und Sehnsüchte nicht ihren Platz verlieren. Grenzen sind sehr wichtig und sie nützen allen. Denn Klarheit gibt auch denen Sicherheit, die sich neu orientieren müssen. Aber irgendwann ist man ja auch mal dran, Sie wissen schon. Und das ist gut und richtig so.

Nach dieser letzten Aufgabe wurde Frau S. dann in die Familie entlassen. Wir erfuhren, dass Sie anfangs einige Umstellungsschwierigkeiten hatte, dass hin und wieder das schlechte Gewissen zu Besuch kam. Aber von Depressionen war schon sehr lange keine Rede mehr. Das Schämen und die Verantwortung für die Welt, die hatte Frau S. schon bei der Abreise im Wattenmeer, wo sie ihre Therapie absolviert hatte, zurückgelassen.

Ängste – die schleichende Gefahr

Morgens, gleich nach dem Erwachen, spürt man schon das Unbehagen, genau zu fassen ist es nicht, nicht mit Worten und auch nicht mit dem Gefühl. Bedrohlich wirkt es, nebulös, nicht wirklich zu erkennen, und dennoch: Es ist da! Ein leichter Druck in der Magengegend, die Atmung eine Spur gepresst, vielleicht schlägt das Herz einige Schläge schneller, die Gedanken sind hastiger als sonst: Alle Zeichen stehen auf »Alarm«.

Dann kehrt für Stunden wieder Ruhe ein, ein Misstrauen bleibt noch spürbar, die innere Wachsamkeit ist weiter erhöht, aber alles geht so seinen Gang. Die Verrichtungen des Alltags fordern uneingeschränkt Ihre Aufmerksamkeit.

Abends gibt es dann ein Glas Wein oder Bier, das Fernsehen lenkt vom inneren Erleben ab, müde und erschöpft begibt man sich schließlich in sein Bett. Einige Tage lang fühlt man sich dann wieder wohl, bis das beengende Gefühl sich erneut und eindringlicher als zuvor in das Erleben schleicht. Mitunter sucht man dann nach Gründen, fragt nach dem Warum und dem Woher, doch nur ganz selten findet sich eine Antwort, denn schließlich ist alles doch so wie sonst. Das Unbehagen wächst, weil man sich ausgeliefert fühlt an ein Gefühl, das gar nicht greifbar ist und kommt und geht, ganz wie es ihm beliebt.

Wer glaubt, die Kontrolle über sein Empfinden zu verlieren, vermisst sehr schnell die Sicherheit.

Angst hat sehr viele Gesichter und tritt häufig unter falschem Namen auf.

Mitten im hektischen Alltag ereilt es oft besonders junge und aktive Leute: Die plötzliche Enge in der Brust, so als presse jemand von außen mit eiserner Hand das Herz zusammen. Dann stockt der Atem, kalter Schweiß steht einem auf der Stirn, man ringt nach Luft, öffnet erst die Fenster und dann den Kragen, nichts aber hilft, das Herz rast immer schneller und der Atem keucht, Todesangst macht sich breit und lähmt alle anderen Wahrnehmungen völlig. Gedanken schießen durch den Kopf, das Wissen um die ungesunde Lebensweise, die furchtbare Angst, dass nun alles vorbei sein könnte, Stoßgebete schickt man in den Himmel, Versprechungen, das Leben nun sofort zu ändern.

Vielleicht wird ein Notarzt herbeigerufen, der vorsorglich den Transport in die Klinik veranlasst. Trotz eingehender Untersuchung entlässt man nach einigen Tagen einen ratlosen und ängstlichen Menschen, der im Hinterkopf die bange Frage mit sich trägt, wann sich ein solcher Vorfall wiederholen könnte. Einige Tage der Normalität im Alltag reichen dann in den meisten Fällen aus, um die guten Änderungsvorsätze während der bangen Stunden vergessen zu machen. Erst die nächste Attacke wird eindringlich nach Veränderungen rufen.

Und zunehmend sitzt die Angst als täglicher Begleiter im Nacken.

Beim Einkaufen kommt die Angst mitunter in einer ganz anderen Maske daher.

Der Preis auf der Ware verschwimmt ein wenig vor den Augen, obwohl die Brille doch erst neu bemessen worden ist. Dann fühlt man sich irgendwie weich, ein bisschen wie in Watte gehüllt, der Boden unter den Füßen gibt nach, Stimmen und Geräusche dringen nur noch wie durch einen Filter an das Ohr. Man taumelt, hält sich am Einkaufswagen fest, wenn ein heftiger Schwindel gänzlich dann die Orientierung raubt. Das Gefühl von Panik breitet sich in Windeseile aus: Sterbe ich jetzt? Spürt man so den Schlaganfall? Wenn ich jetzt falle, fängt mich niemand auf! Das muss das Ende sein!

Ein freundlicher Verkäufer bemerkt die Unpässlichkeit und reicht ein frisches Glas Wasser. Nach einigen Minuten endet dann meistens die Attacke, so dass man schnell, als wäre man auf der Flucht, den Laden wieder verlassen kann. Menschen, die einen solchen Zustand häufig erleben, werden Einkäufe zukünftig vermeiden.

Eine besonders beeindruckende Form der Angst erleben Menschen, die verrückt zu werden glauben. Dieses Gefühl trifft einen aus dem Nichts fast wie ein Peitschenhieb. Urplötzlich hat man den Eindruck, sich im freien Fall zu befinden. Anders lässt es sich wohl kaum beschreiben. Die Wirklichkeit rast wie ein wilder Strom vorbei, der alles mit sich reißt. Man möchte schreien, hält sich vielleicht die Ohren zu, sucht verzweifelt Orientierungspunkte und findet sie doch nicht. Hektik macht sich breit, man irrt durch Räume und Haus. Dann tobt nach der Seele auch der Körper und schnürt die Kehle schmerzhaft zu. Die Beine werden schwer wie Blei, Bewegungen geraten außer Kontrolle. Fragen hämmern unablässig durch das Hirn: Wird man so verrückt? Höre ich jetzt auch noch Stimmen? Geht es jetzt in die Psychiatrie? Bin ich am Ende schizophren?

Hält so ein Anfall lange an, ist medikamentöse Hilfe unumgänglich. Danach herrscht dann Erschöpfung vor, die Tage dauern kann. Wer solche Stunden kennt, wird furchtbare Ängste ausstehen, dass sich dieser Zustand wiederholen könnte. Das ist dann die Geburtsstunde der Angst vor der Angst.

Sehr zum Glück laufen nicht alle Ängste so dramatisch ab. Es gibt viele versteckte Hinweise, die sich oft erst nach langer Suche als Ängste zu erkennen geben: Zittern, Hitzewallungen, Herzklopfen, Schmerzen verschiedenster Art, Schweißausbrüche, Übelkeit, Harndrang, Sehstörungen, Missempfindungen, Engegefühl, Schwindel, Müdigkeit und Konzentrationsverlust.

Die Angst hat viele verschiedene Gesichter und doch auch viele Gemeinsamkeiten.

Immer überfällt sie die betroffenen Menschen wie »aus heiterem Himmel«, mitten aus dem Wohlbefinden heraus, ohne Ankündigung und scheinbar völlig ohne Grund.

Immer fühlt man sich den Ängsten ausgeliefert. Selbst, wenn der Kopf die Hintergründe kennt und weiß, dass alle Organe und der Geist medizinisch und psychologisch getestet für gesund befunden sind, bringt das keine Besserung.

Immer wiederholen sich Ängste in nahezu gleicher Weise, so dass sich die Panik in Erwartung der nächsten Symptome Schritt für Schritt noch steigern wird.

Immer bleibt die panische eigene Suche nach Ursachen und Zusammenhängen ergebnislos, was einen nahezu verzweifeln lässt und das entsetzliche Gefühl des schutzlos Ausgeliefertseins verstärkt.

Immer findet man die Umwelt verständnislos, wenn man sich einmal anvertrauen möchte. Denn Ängste lassen sich kaum nachvollziehen.

Immer gesellt sich nach einiger Zeit zur Angst die Einsamkeit. Man traut sich nicht mehr auf die Straße, in ein Lokal oder in begrenzte Räume. An Reisen heraus aus der vertrauten Umgebung ist nicht mehr zu denken, und Freunde wenden sich zunehmend ab, weil sie einfach nicht verstehen.

Die Angst ist ein ständiger Begleiter und kann ein wichtiger Berater sein, wenn man ihre Sprache zu deuten weiß.

Im praktischen Alltag, dort wo man Zusammenhänge herstellen kann, wird niemand leugnen können, dass es ohne Angst überhaupt kein Überleben gäbe. Angst verhindert manchmal Kampf, Angst schafft Vorsicht im Verkehr, Angst verhindert Unfälle an jedem Ort, Angst lässt gegen Krankheiten impfen, Angst unterbindet waghalsige und lebensbedrohende Unternehmungen, Angst verhindert Verbrechen, Angst sorgt für Sicherheit auf vielen Gebieten.

BEISPIEL:
Herrn K. bin ich im Rahmen einer Fernsehaufnahme in unserer Klinik begegnet. Er war dort Redakteur bei einem großen Sender. Im Anschluss an die Aufnahmen blieben uns einige Stunden Zeit und ich bot ihm an, Hypnose einmal am eigenen Leibe zu erfahren.

Wir führten ein Vorgespräch und Herr K. berichtete, dass er seit zwei bis drei Jahren an Angst- und Panikattacken litt. In den vorhergehenden Wochen hatten sich diese Anfälle gehäuft, was besonders lästig war, weil gerade in dieser Zeit häufig Auslandsreisen angestanden hatten. Einmal hatte Herr K. deswegen sogar eine sehr wichtige Reise abbrechen müssen, was ihm sehr den Groll seines Arbeitgebers einbrachte, der sich kurzfristig um einen Ersatzmann kümmern musste. Die Symptome waren dabei immer ähnlich: Innere Unruhe, Herzklopfen, Schweißausbrüche und die Angst zu versagen zeigten sich in dieser Reihenfolge. Gelang es ihm nicht, durch Ablenkung oder die Einnahme von Medikamenten diese Kette zu durchbrechen, stand am Ende ein Panikanfall, dem sich Herr K. hilflos ausgeliefert sah.

Hypnotherapie sucht zuerst nach Zusammenhängen, aus denen die Angst verstehbar werden kann. Im Anschluss daran werden gemeinsam Wege gefunden, die sicher herausführen.

Wo neue Sicherheiten wachsen, schwinden Ängste spürbar schnell.
Oder mit anderen Worten ausgedrückt: Die Sicherheit macht der Angst mächtig Beine.

Herr K. hatte für seine Angsttherapie nur zwei Stunden Zeit, und das war natürlich ein Problem. Deshalb war es erforderlich eine besonders intensive und wirkungsvolle Hypnosestunde zu gestalten. Ich habe dem Redakteur die folgenden Einladungen angeboten:

Sie wissen aus dem Alltag sicher, dass Entscheidungen Konsequenzen haben werden.

Und schon aus diesem Grunde macht es Sinn, sich schon vorab zu entscheiden, auf welche Art Sie Ihre Wohlfühltrance hier und heute nutzen möchten. Denn es ist ja möglich, dass Sie Klarheit suchen. Klarheit gibt ja Sicherheit. Und wo neue Sicherheiten wachsen, schwinden Ängste spürbar schnell. Das ist ja allerorten längst bekannt. Und natürlich ist es möglich, dass Sie sehr direkt und klar entdecken möchten, wo Sicherheit zu finden ist. Und sicher und natürlich entscheiden Sie nur selbst, wann Sie mit dieser Suche beginnen möchten. Vielleicht wollen Sie gleich die Sicherheiten finden, die seit einiger Zeit verloren gegangen sind, vielleicht möchten Sie auch erst Ursachen klar und deutlich erfassen, bevor Sie Wege aus den Ängsten heraus sicher finden werden. Entscheidungen haben ja Konsequenzen. Das ist ja allerorten wirklich längst bekannt. Als Beweis wird in jedem Falle spürbar sein, dass die Atmung dabei ruhig und regelmäßig ganz von allein und von selbst geschieht, sicher und ganz ohne Zweifel, so wie Atmung ja nun einmal immer ruhig und regelmäßig ganz von allein und von selbst geschieht, so dass dann auch mit jedem Atemzug, ruhig, regelmäßig, sicher, sich Ruhe oder Geborgenheit, Harmonie und Frieden immer weiter spürbar vertiefen. Klarheit und Sicherheit sehr spürbar auch. Mit Worten kann man nicht beschreiben, was man immer weiter und tiefer in der eigenen Mitte für sich in aller Ruhe und Gelassenheit so finden kann. Denn Entscheidungen haben ja Konsequenzen. Und wer wirklich seine Probleme lösen möchte, wird auch Wege finden können. Und deshalb können Sie noch einmal jetzt entscheiden, ob es Ihnen dabei hilfreich ist, den Satz »Je tiefer die Wohlfühltrance, desto klarer die Sicht« mit Inhalt zu füllen. Schritt für Schritt mit Sicherheit, oder ob Sie es für effektiver und auch angenehmer halten, direkt eine tiefe, klare, sehr wirkungsvolle, sehr erholsame und sehr wohltuende Wohlfühltrance zu wählen. Denn Entscheidungen haben ja Konsequenzen, und Sie wissen das, das weiß ja schließlich jeder. Wie immer Sie sich auch entscheiden, können Sie sich dann auf dieser Ebene, die sich immer weiter spürbar vertiefen lässt, einer kleinen Aufgabe widmen. Denn ganz so einfach ist es nicht, sich von lästigen Begleitern dauerhaft zu trennen. Und wer spüren möchte, dass Ängste sofort spürbar schwinden, muss natürlich erst die eine oder andere Aufgabe in Angriff nehmen. Und deshalb dürfen Sie heute einmal auf einen Maskenball gehen. Es ist ein ganz besonderer Maskenball, der »Ball der Ängste«. Alle Ängste, die in Ihrem Leben eine Rolle spielen, werden dort zu finden sein. Vielleicht treffen Sie manch einen Überraschungsgast, vielleicht auch nur alte Bekannte. Das werden Sie ja sehen können. Und als besondere Überraschung werden wir zu einem Zeitpunkt, den Sie selbst bestimmen können, indem Sie mir mit dem rechten Finger ein Zeichen geben, alle Ängste nach und nach dann demaskieren. Manchmal ist man überrascht, was hinter den Masken so zu finden ist. Denn wissen tun Sie es ja längst, dass alle Ängste hastig schwinden, wo neue Sicherheit zu finden ist.

Herr K. hat dann für diese Aufgabe dreißig Minuten beansprucht, bevor er mit dem Zeigefinger der rechten Hand ein Zeichen setzte. Wir haben dann Angst für Angst zusammen demaskiert.

Das Ergebnis dieser Sitzung war für den Redakteur verblüffend. Es stellte sich heraus, dass die Ängste in den letzten drei Jahren seines Lebens eine wichtige Funktion gehabt hatten: Sie dienten als Hinweis auf innere Unstimmigkeiten. Herr K. hatte sich viele Jahre darum bemüht, eine Festanstellung bei seinem Sender zu erhalten. Vor vier Jahren war sein Traum von einer Festanstellung als Ressortchef in Erfüllung gegangen. Doch schon nach einem Jahr bemerkte er, dass sich keiner wirklich für seine kreativen und innovativen Ideen interessierte. Das war so gar nicht sehr gefragt. Stattdessen gab es nur Routine, wenig Lob und Anerkennung, und die künstlerischen Ambitionen kamen viel zu kurz. Ab und an spielte Herr K. dann mit dem Gedanken, dass es so nicht weitergehen konnte. Aber auf der anderen Seite bot sein Job ihm auch eine große Sicherheit, die der Familie sehr zugute kam. Die Kündigungsgedanken führten dazu, dass Herr K. vor allem bei einem Einsatz im Ausland seinem Arbeitgeber gegenüber ein sehr schlechtes Gewissen bekam. Denn der vertraute ihm schließlich, bezahlte die teuren Reisen, und der Redakteur dachte an eine Kündigung. Die Angst kam immer in genau diesen Konfliktsituationen intensiv ins Spiel. Da Herr K. diese Zusammenhänge nicht bewusst waren, fühlte er sich am Ende nur noch hilflos ausgeliefert, ohne je einen Grund für seine Ängste zu entdecken.

Wir haben dann in der restlichen Zeit versucht, einen Kompromiss zu finden, der seinem Sicherheitsbedürfnis auf der einen und den kreativen Forderungen auf der anderen Seite gleichermaßen gerecht werden konnte.

Herr K. hat nach seiner Rückkehr an den Arbeitsplatz konsequent an diesem Spannungsfeld gearbeitet und die Konstrukte praktisch umgesetzt. Ängste traten danach nur noch selten auf, und wie er mir später telefonisch berichtete, ist er seit mehr als zwei Jahren beschwerdefrei.

Dieser Fall von Angst und ihren Folgen eignet sich zwar hervorragend zum Wirksamkeitsnachweis der Methode und sehr deutlich ist erkennbar, dass die Angst nicht aus dem Dunkeln kam, sondern eine wichtige Funktion erfüllte. Aber natürlich ist ein solch klarer und eindeutiger Verlauf eine seltene Ausnahme. Der Kameramann hat zu Hause dann die Arbeit für sich geleistet, die sonst in der Klinik zu leisten gewesen wäre. Das ist ohne weitere Hilfe nicht unbedingt von jedem so zu schaffen.

Aber Hypnotherapie macht Ängsten Beine.

Migräne – schmerzhaft bohrende Spannungsfelder

Bei einigen Menschen meldet sich die Migräne vorher an, so dass man weiß, wann ihr Besuch zu erwarten ist. Stunden vorher spürt man schon ein leichtes, aber sehr unangenehmes Ziehen in den kleinen Nackenmuskeln. Vielleicht ist der Kopf schon dumpf und voller Druck, fast so, als hätte jemand einen eisernen Reifen darum geschmiedet. Schwindel ist auch ein Wegbegleiter, der häufig im Vorfeld der Migräne zu finden ist. Besonders irritierend können Sehstörungen sein, wie das Flimmern vor den Augen, kleine zuckende Blitze oder der Verlust von Schärfe beim Betrachten kleiner Gegenstände. Und falls die Schmerzen mit ganz großem Gefolge kommen, ist auch eine Aura dabei, so dass man alle Formen in der Umgebung von einem farbigen, meistens gelben Lichtkranz umzogen sieht.

Und dann ziehen die dunklen Schmerzwolken auf, die mit kaum etwas sonst zu vergleichen sind: Es wird unglaublich eng im Kopf, so dass kein Platz für auch nur einen Gedanken bleibt. Dann beginnt das Dröhnen, Hämmern, aggressiv und voller Gewalt. Pulsierende Schmerzimpulse jagen durch das Gehirn. Und nirgendwo ist ein Entkommen, denn bohrende Peiniger füllen auch den kleinsten Winkel aus. »Elender kannst du dich nicht fühlen«, glaubt man dann, bis zu alledem noch das Erbrechen kommt.

Die Augäpfel quellen spürbar vor, die Nackenmuskeln krampfen sich zu dicken Strängen zusammen und man glaubt, das Bewusstsein müsste schwinden.

Viele Menschen suchen dann die Dunkelheit, um allein und abgeschieden die Zeit, manchmal Tage, zu verbringen. Tabletten, Tropfen, Zäpfchen und auch Injektionen, alles was so greifbar ist, schafft nur noch weiter dumpfe Abgeschlossenheit. Irgendwann nach einer Ewigkeit dämmert das Bewusstsein neu, Schmerzen weichen erst sehr zögerlich und das Leben kehrt in kleinen Schritten langsam und vorsichtig zurück. Man wagt es schließlich, die Augen zu öffnen, fürchtet noch den Reiz des grellen Lichts, aber der Kopf wird wieder »tragbar«. Die Glieder sind noch sehr erschöpft und es vergehen noch sehr viele Stunden, bis der Alltag wieder zum Alltag wird.

Die Migräne tritt am häufigsten bei Frauen auf, und oft waren Mütter und Großmütter auch schon mit Migräne belastet.

BEISPIEL:

Frau E. war von Beruf Sekretärin, achtunddreißig Jahre alt, und litt schon seit vielen Jahren unter dieser Art der Kopfschmerzen.

Während all der Zeit hatte sie Unmengen an Schmerzmitteln ausprobiert und erfahren, dass ein paradoxer Kreislauf entstanden war: Genau jene Mittel, die Erleichterung schaffen sollten, lösten nach vielen Monaten beim Absetzen genau diese Schmerzen aus. Ein Teufelskreislauf war entstanden, aus dem Frau E. sich nicht befreien konnte. Daneben sah sich die Klientin von Organschäden bedroht, weil Schmerzmittel, über so lange Jahre und in hoher Dosis eingenommen, ein sehr hohes Risiko für die Enstehung von Nierenschäden darstellen, was nicht selten ein vollständiges Versagen dieser Organe zur Folge haben kann.

Mit diesen Perspektiven stellte sich Frau E. in meiner Hypnotherapie-Sprechstunde vor.

Im Vorgespräch fanden sich Persönlichkeitsmerkmale, wie man sie bei Migränepatientinnen als nahezu typisch vorfindet. Frau E. war verheiratet, für Kinder blieb irgendwie zu wenig Zeit. Der Ehemann arbeitete als leitender Angestellter, sie selbst hatte sich in den Jahren nach dem Ausbildungsabschluss zielstrebig, mit ungeheurem Fleiß und noch mehr Ehrgeiz zur Chefsekretärin hochgearbeitet. Sie galt als absolut loyale und zuverlässige rechte Hand des Chefs, und so mancher in der großen Handelsfirma war davon überzeugt, dass eigentlich sie es war, die die wirklich wichtigen Entscheidungen traf. Kurzum: Frau E. war praktisch unersetzlich.

Bei solch einer Position hängen alle Körbe sehr hoch. Natürlich verließ die Sekretärin das Haus immer erst dann, wenn alle Arbeit vom Schreibtisch war. Ebenso natürlich erledigte Frau E. alle Terminabsprachen selbst, vereinbarte Lokaltermine, prüfte die Hotels für Gäste, begrüßte jeden Verhandlungspartner in der ihm eigenen Landessprache. Für Entspannung blieb da nur sehr wenig oder gar keine Zeit.

Jeder Arbeitgeber wird sich glücklich schätzen, wenn ihm ein solcher Mitarbeiter zur Verfügung steht. Frau E. erreichte immer alle ihre hoch gesteckten Ziele.

Die Migräne kannte sie bereits aus jugendlichen Tagen. Nach Abschluss der Berufsausbildung war sie zunächst nur einmal im Monat bei der Sekretärin »zu Gast«. Mit den Jahren nahm die Zahl der Besuche aber deutlich zu, und seit geraumer Zeit litt Frau E. wöchentlich an dieser Krankheit. Und es ist dann fast Zynismus, dass die Klientin dafür meistens ihre Wochenenden »nutzte«, um am Montag danach wieder für die Arbeit zur Verfügung zu stehen. Grundsätzlich war es aber eben genau so. Natürlich wirkte sich das auf ihre Beziehung aus, und der Partner fragte sich mitunter, welche Rolle er im gemeinsamen Leben noch spielte.

Es stellte sich im Laufe der gemeinsamen Arbeit heraus, dass Frau E. mit dem grundsätzlichen Arbeitspensum wenig Probleme hatte. Sie war ja auch allen Aufgaben gewachsen, brauchte diese Vielfalt, die Termine, kommunizierte auch sehr gerne und empfand Stress eher als belebend.

Was ihr tatsächlich zu schaffen machte, war der Anspruch, mit dem sie diese Leistungserbringung stets verband. Hundert Prozent waren ihr nie genug und das Wort »Fehler« schien mehr für andere erdacht. Frau E. machte keine Fehler, und wenn denn einmal doch eine Ungenauigkeit zu finden war, ging die Sekretärin gnadenlos mit sich selbst ins Gericht.

Absolute Perfektion war wohl das Mindeste, das Frau E. von sich erwartete, genauer betrachtet war es eher ein göttlicher Anspruch, der dahinter stand.

74

Und um diese eigenen Ansprüche zu erfüllen, setzte sich die Klientin gewaltig unter Druck. Die Leistung wurde so zwar immer erbracht, aber danach stand die Migräne vor der Tür und forderte den Tribut für solche Kraftakte.

Diese Zusammenhänge wurden nicht vom Therapeuten dergestalt bewertend dargestellt, vielmehr hat Frau E. selbst diese in der gemeinsamen hypnotherapeutischen Arbeit nach eigener Einschätzung »spürbar erfahren« können, denn ihr war ja keinesfalls bewusst, nach welchen Leitsätzen und Maßstäben sie ihre Arbeitsleistungen erbrachte. Sie hatte stets nur ihr Bestes gegeben, und schließlich hatten sich alle damit sehr zufrieden gezeigt.

Frau E. hat bei diesem Stand der therapeutischen Arbeit mit der folgenden Aufgabe gearbeitet:

Es ist schon ein gutes Gefühl, wenn man in der eigenen Mitte spürbar weiter und tiefer entdecken kann, was der Alltag nicht immer so zu bieten hat. Denn wo findet man sonst so intensiv und sicher Ruhe, Geborgenheit, Harmonie und Frieden, Klarheit oder Sicherheit?

Und ein Phänomen ist es ja allemal, dass je weiter und tiefer, desto klarer auch die Wohlfühltrance zu finden ist. Sie haben einen hohen Anspruch, und das ist ja gut und richtig so. Und genau deshalb ist es auch nicht ohne Sinn, diesen Anspruch hier und jetzt in aller Ruhe Schritt für Schritt einmal in eigener Sache für sich zu nutzen, denn schließlich hängt davon ja manches ab. Mit einem kühlen klaren Kopf lässt sich gelassen die Welt betrachten. Im Alltag sieht die Welt oft ganz anders aus. Termin folgt auf Termin, hier ein Angebot, dort ein Diktat, dazwischen ist vielleicht eine Reise zu organisieren und am Abend erwarten wichtige Verhandlungspartner eine aufmerksame und geschickte Führung der langen Diskussionen. Da spürt man dann den Druck mitunter doch sehr deutlich an diesem und an jenem Zeichen. Mitunter ist es mehr, mitunter auch nur weniger, die Summe macht die Unterschiede.

Manchmal ist der Druck auch nur verborgen in den Kleinigkeiten zu entdecken, wo er in gleicher Weise wirksam wird. Und wo Gelassenheit das Feld bestimmt, werden Schmerzen täglich spürbar schwinden. Denn wer braucht den »Wink mit einem Zaunpfahl« noch, wenn leise Zeichen schon zum Ziele führen können.

Sie haben deshalb jetzt die Möglichkeit, den Druck in Ihrem Alltag mit einem kleinen Manometer, einem Messgerät, das eben diesen Druck im alltäglichen Geschehen misst, zu entdecken. Zum Glück spricht das Gerät auf alles an, egal ob das Gedanken sind, ob Gefühle eine Rolle spielen werden, ob Personen Druck empfinden lassen oder ob der Druck in der eigenen Mitte seinen Ursprung hat. Ob versteckt oder offen ist dabei auch egal, das Gerät zeigt immer sicher an, dass bei »grün« der gesunde Bereich zu finden ist, wo Gelassenheit das Feld bestimmt, und »rot« zeigt an, dass am Ende wieder Schmerzen winken. Und wenn alles einmal gemessen ist, lässt sich leicht ein Druckdiagramm erstellen, das zeigt, wo und wann welcher Druck zu finden ist. Und dann können Sie leicht entscheiden, welcher Druck nun wirklich wichtig ist, welchen Sie eigentlich leicht vergessen können, wie Sie manchen Druck vermeiden, oder ob Sie hier und dort Druck ganz einfach ablassen möchten. Es gibt viele Möglichkeiten, den Alltag gelassen zu gestalten und trotzdem den Leistungsanspruch zu erfüllen. Wenn rechts von Ihnen im Alltag die Gelassenheit zu finden ist und links die Sicherheit aus den vielen erfolgreichen Jahren geht, dann ist für Schmerzen einfach gar kein Platz.

Frau E. konnte so noch einmal sehr deutlich entdecken, wie der Druck sich in ihrem Alltag durch nahezu alle Bereiche zog. Alles wollte sie immer nur selbst machen. Dabei konnten manche Telefonate, banale Terminvereinbarungen zuverlässig auch von anderen Mitarbeitern übernommen werden. Es war nicht nötig, gebuchte Hotelzimmer vorab persönlich auf deren Qualität zu untersuchen, dafür stand die gewählte Herberge schließlich selbst in der Pflicht.

Dies alles machte nur unnötig Druck im Bereich der Zeit, im Bereich der Verantwortung und im Bereich der Zuständigkeit. Hier ließe sich sehr schnell Freiraum schaffen und Druck senken. Und so haben sich in der gemeinsamen Arbeit zahlreiche Entlastungsmöglichkeiten darstellen lassen, ohne dass die anspruchsvolle Sekretärin Abstriche an der Qualität ihrer Arbeit hätte vornehmen müssen.

Neben diesen Spannungsfeldern spielte der Perfektionsanspruch von Frau E. eine tragende Rolle beim Fortbestand der Migräneattacken. Auch bei kleinsten Missverständnissen ging die Klientin sehr unnachsichtig mit sich ins Gericht.

Sich von seinen hohen Ansprüchen zu trennen, stellt meistens ein sehr schwieriges Unterfangen dar. Es ist ja nicht immer klar, wann man mit der Perfektionslatte misst, denn oft läuft das völlig unbewusst ab. In solchen Fällen ist der Erfolg nur dann zu sichern, wenn innere Überzeugung Veränderung bewirkt. Und dafür muss man schon zu starken »Überredungskünsten« greifen.

Es war aus vorausgegangenen Sitzungen bekannt, dass Frau E. ihren Perfektionsanspruch aus ihrer Vergangenheit hergeleitet hatte. Den Grundstein hatte wohl dereinst der Vater gelegt, ein preußischer Beamter, der gnadenlos jeden noch so kleinen Fehler schonungslos offen gelegt und als unverzeihliche Schwäche gegeißelt hatte. Im Anschluss daran fanden sich immer wieder Lehrer, Ausbilder und auch Partner, die diesen Anspruch weiter gefestigt hatten.

Dabei waren es, bei klarem Licht betrachtet, ja genau diese Ansprüche, die Frau E. davon abhielten, wirklich perfekt zu sein. Denn niemand ist perfekt, wenn er einmal in der Woche mit einer Migräne »ausfällt« und nicht »zur Verfügung steht«. Diesen Umstand haben wir uns bei der folgenden Aufgabe zunutze gemacht:

In einer Zeit, die so reich an oberflächlichen Inhalten ist, in der wirkliche Werte kaum noch von Bedeutung sind, ist es gut, wenn man Menschen trifft, die einen eigenen hohen Maßstab seit langem schon ihr Eigen nennen. Jeder nimmt ja heute nur und ist dann überrascht, wenn er dafür auch noch etwas leisten soll. Wer von Kindesbeinen an mit aller Kraft hohe Ansprüche erfüllen musste, wird diesem Maßstab lebenslang verpflichtet sein. Und das ist auch gut und richtig so. Wo kämen wir denn sonst wohl hin? Wer perfekt und ohne Fehler täglich sein Leben gestaltet, der hat natürlich auch das Recht, hin und wieder »alle Fünfe richtig gerade sein zu lassen«. Das ist nun einmal so, und das wird ein jeder auch verstehen. Denn das eine geht ohne das andere nicht. Diesem Anspruch sollte man wirklich verpflichtet sein. Aber wer kann seinen Anspruch denn schon leben, wenn Migräne daran sehr oft hindert. Deshalb können Sie sich jetzt endlich von diesem Fehler trennen. Alte Perfektionsansprüche machen mächtig Druck. Und das wissen Sie ja schon. Druck macht auch Migräne, und das ist ja auch längst bekannt. Deshalb dürfen Sie sich hier und heute jetzt von lästigen alten Ansprüchen endlich einmal lösen. Fehler darf man hin und wieder machen, aber irgendwann ist auch dann damit Schluss. Sie dürfen einmal jetzt in aller Ruhe und in der richtigen Reihenfolge alle Personen, Gedanken, Gefühle und Verursacher aufsuchen, die für alte Perfektionsansprüche stellvertretend in Ihrem Leben stehen. Und jedem Einzelnen werden Sie überzeugend erklären können, dass Sie Perfektion nur dann erfüllen können, wenn Sie alte Ansprüche ein für allemal aus Ihrem Leben streichen. Der neue Anspruch heißt Gelassenheit, und der ist schlicht perfekt. Denn wo Gelassenheit das Feld beherrscht, bleibt der Migräne keine Chance.

Diese Aufgabe erlaubte es Frau E., die hohen Ansprüche beizubehalten, alles andere wäre auch nicht akzeptabel gewesen. Gleichzeitig konnte sie so erkennen, dass die Trennung von den alten Migräne-fördernden Ansprüchen dafür unabdingbar war. Eine neue Perfektion löste so die alte folgerichtig ab und machte Änderungen möglich.

Wir haben weiterhin mit Frau E. Kontakt behalten und wissen, dass die Migräne zunächst vermehrt aufgetreten ist und dass nach konsequenter Umsetzung der neuen Ansprüche die Anfälle immer seltener geworden sind. So ist im letzten Jahr nur noch einmal ein Migräneanfall aufgetreten. Das entspricht genau dem hohen Anspruch, den die Klientin nun auch in der Therapie umsetzen konnte.

Anorexie – die kontrollierte Ohnmacht

Am Anfang ist es schon ein tolles Gefühl, von allen beneidet zu werden. Die Clique auf dem Schulhof, die Freunde, mitunter sogar die eigene Mutter, alle sind voller Bewunderung. Wie alles begann, ist meistens gar nicht klar. Vielleicht stand am Anfang der ewige Streit der Eltern, die Klagen der Mutter, die Beschwerden des Vaters, dass der jeweils andere als Ehepartner so gänzlich ungeeignet sei. Mitunter veränderte auch der Umzug in eine andere Stadt das Leben sehr erheblich. Die Freundin fehlte, die Umgebung war nicht mehr vertraut, sondern fremd und neu. Man fühlte sich irgendwie verloren und irgendetwas war einfach nicht mehr da.

Dann fehlt es einmal nur an Appetit, einmal hat man gerade keine Zeit, wenn es um das Essen geht. Auf dem Schulhof fällt dazu noch eine hämische Bemerkung über »Babyspeck« oder »...ganz schön füllig«. Da fällt das Frühstück dann schon etwas karger aus. Und wo früher zwei Brötchen im Pausenbrotpaket zu finden waren, liegt nun ein kleiner grüner Apfel, der oft genug auch noch den Schulweg zurückgetragen wird.

Kleidung, die vorher an einigen Stellen zwickte, passt nun wieder wunderbar. Weich fällt die Bluse, und der Gürtel wird ein wenig enger geschnallt. Dann fragt auch schon einmal jemand oder drückt seine Bewunderung aus, denn Schlanksein ist ja fast das höchste Gut, nur Reichtum zählt noch mehr in manch jugendlicher Gruppe. Die Mutter blickt voll Bewunderung auf das schlanke Kind, zumal die eigenen Versuche mit unzähligen Diäten immer wieder gescheitert sind. Der Vater bemerkt die Veränderungen kaum.

Beim Essen lässt man sich nun sehr viel Zeit. Üppig wird der Tisch gedeckt, von allem wird dort aufgetischt. Das Aufdecken und Arrangieren nimmt viel Aufmerksamkeit in Anspruch. Schließlich sitzt man nach einer halben Stunde Arbeit am Tisch und schält sich eine Birne. In immer kleinere Stücke wird sie zerlegt, am Ende sieht sie fast wie geraspelt aus. Und wieder verstreichen fünfzehn Minuten. Dann nimmt man sich noch einen Löffel Jogurt und platziert die Masse auf dem Teller. Irgendwann beginnt man dann auch mit dem Essen. Bissen für Bissen wird sorgfältig in den Mund geschoben und gekaut. Nach der halben Birne ist man eigentlich schon satt, aber den Rest isst man noch automatisch weiter. Nach einer Stunde ist das Frühstück schließlich beendet.

Die Waage, die zum täglichen Begleiter wird, zeigt an, dass das Gewicht beharrlich sinkt. Bleibt der Zeiger einmal auf dem Stand vom Vortag stehen, kehrt ein Gefühl von leichter Panik ein.

Die Kleidung hängt inzwischen mehr am Körper als dass sie formvollendet sitzt. Neue Hosen gibt es nicht mehr im üblichen Geschäft, nein, nur im Kindermodengeschäft kauft man dann, etwas verschämt, die neuen Hosen, für die Schwester natürlich, wie man der irritiert schauenden Verkäuferin noch versichert.

Die Mutter fragt nun immer öfter, ob man nicht wieder mehr und häufiger essen möchte. Die Lieblingsspeise wird gekocht. Irgendwann schaltet sich schließlich auch der Vater ein und befiehlt nun in fast barschem Ton, dass mit dem Abnehmen nun Schluss sein müsse. Was sollten denn sonst die Leute denken?

Besonders in solchen Situationen spürt man dann so eine Bockigkeit und den festen Willen, die eigene Linie weiter konsequent und sicher zu verfolgen. Immer gnadenloser geht die Waage mit jedem Gramm Körpergewicht ins Gericht. Das Aussehen hat sich inzwischen sehr verändert. Niemals fand man sich zuvor so dick und aufgeschwemmt wie jetzt, und dabei schauen längst die Wangenknochen deutlich unter der Haut hervor. Hände und Füße wirken größer als zuvor, und die Rippen kann man einzeln zählen. Trotzdem zeigt der Blick in den Spiegel immer noch »eine viel zu dicke junge Frau«.

Die Regel ist seit einiger Zeit ausgeblieben, die Haare sind seltsam stumpf. In der Schule wird auf dem Hof in den Pausen hinter der vorgehaltenen Hand getuschelt. Und dann bittet der Lehrer die Eltern zu einem Termin. Ein Besuch beim Arzt wird empfohlen oder bei einem Psychologen. Natürlich haben die Eltern die Entwicklung auch bemerkt, aber Magersucht? Was hat man in all den Jahren der Fürsorge für das Kind denn nur falsch gemacht?

Schließlich bestätigt ein Fachmann die Diagnose: Anorexie = Magersucht. Damit das Körpergewicht nicht noch weiter in bedrohliche Tiefen sinkt, wird dringend ein Klinikaufenthalt empfohlen und auch durchgeführt.

Dort findet dann das Gleiche wie zu Hause statt. Tägliches Wiegen ist die Pflicht. Zeigt die Waage dabei nicht Tag für Tag ein paar Gramm mehr, wird der Ausgang untersagt. Daneben lernt man alles über gesunde Ernährung, treibt Sport und töpfert mit den anderen, deren Essverhalten auch verändert ist. Einmal in der Woche sieht man auch die Psychologin, die nach der Kindheit fragt, und wie man sich denn so empfindet und erlebt.

Nach ein paar Wochen ist das Sollgewicht dann irgendwann erreicht. Und die Klinikpforten öffnen sich wieder. Alle sind froh darüber, dass man endlich den Weg zurück gefunden hat, auch in der Schule.

Nur in der eigenen Mitte nagt die Unzufriedenheit, denn verändert hat sich so ja nichts, nur das Gewicht ist wieder angestiegen.

Es dauert dann meist nur ein paar Wochen, bis auch die Umgebung bemerkt, dass erst schleichend und dann immer schneller wieder die alten Rituale greifen.

Mit sich selbst geht man nun viel erbarmungsloser um. Alles Denken dreht sich bald nur noch darum, wann man möglichst wenig essen kann und wie man das über den Tag verteilt, auch wenn es am Ende nur ein Becher Magermilch ist. Jede noch so kleine Überschreitung der so eng gesetzten Grenzen wird ohne Nachsicht mit einem stundenlangen Waldlauf geahndet.

Die Waage droht täglich. Dann kommt der Zusammenbruch.

BEISPIEL:

Luise L. war 19 Jahre alt und litt seit drei Jahren an ihrer Magersucht.

Sie hatte mehrere erfolglose Klinikaufenthalte hinter sich. Ihr Körpergewicht betrug bei unserem ersten Kontakt 28 kg, und dies bei einer Körpergröße von 172 cm. Physisch schien sie noch überraschend belastbar, lief jeden Tag fünf Kilometer durch den Wald und fuhr Rad.

In der Schule war sie immer in der absoluten Leistungsspitze zu finden. Und eine andere Note als eine Eins war auch in ihrer eigenen Vorstellung nicht zu finden. Es musste schon immer etwas ganz Besonderes sein, der »rote Teppich« sozusagen. Die Eltern lebten seit viereinhalb Jahren getrennt voneinander, Luise hatte zu beiden Elternteilen Kontakt, lebte aber bei der Mutter.

Dort musste sie zwar täglich mit anhören, welch unerträglicher Mensch ihr Vater war, aber sie erlebte die Mutter auch als Freundin und Beraterin. Natürlich traten auch Loyalitätskonflikte auf, denn ihren Vater liebte Luise auch, durfte es aber im Beisein der Mutter nicht wirklich eingestehen.

Jede kleine Disziplinlosigkeit, wie ein vergessener Termin oder unerledigte Hausaufgaben, ahndete Luise gnadenlos und unnachsichtig mit weiterem Nahrungsentzug. Sie sah keinen triftigen Grund dafür, ihr Verhalten zu ändern.

Allein die Sorge um eine anstehende Zwangseinweisung wegen lebensbedrohlicher Unterschreitung der existenziellen Gewichtsgrenze brachte sie zur Hypnotherapie. Die Voraussetzungen für eine erfolgreiche gemeinsame therapeutische Arbeit waren aus diesen Gründen nicht besonders rosig.

Wir haben zunächst die Macht der Waage gebrochen. Zum großen Erstaunen der Klientin haben wir Kontrollen des Gewichtes in unserem Hause ausgeschlossen. Allerdings haben wir Luise eindringlich darauf hingewiesen, dass ein weiterer Gewichtsverlust für sie einen körperlichen Zusammenbruch bedeuten würde und dieses unverzüglich eine Einweisung in die Intensivstation des benachbarten Krankenhauses zur Folge haben würde.

Durch diese Maßnahme wurde der Klientin klar, dass es bei der Therapie keinesfalls darum gehen würde, die Ansprüche der Therapeuten zu erfüllen. Diese Ansprüche der Eltern, Verwandten, Freunde, Bekannten und der Therapeuten mit dem Wortlaut »Du musst jetzt wieder essen!« hatte sie jahrelang erfolgreich abgewehrt. Diese Arbeit würde hier nun nicht zu leisten sein. Die Verantwortung für ihr Gewicht wurde in dieser Klarheit an die Verantwortliche selbst delegiert. Bei Luise löste das Überraschung und Nachdenken aus.

In der ersten Hypnosesitzung hat Luise mit der folgenden Aufgabe arbeiten können:

In der heutigen Zeit ist es nicht leicht, einen eigenen Weg zu finden. Natürlich wird wer Klarheit sucht, auch Klarheit finden können, das ist keine Frage. Aber nicht jede Wohlfühltrance ist dafür wirklich gut geeignet. Es wird nicht einfach sein, herauszufinden, woran Sie denn heute hier und jetzt erkennen möchten, welche Kriterien dafür von Bedeutung sind. Und wer einen hohen Anspruch hat und eigene Maßstäbe dabei spürbar setzen möchte, wird dabei sehr wählerisch zu finden sein. Je weiter und tiefer die Wohlfühltrance, desto klarer ist die Sicht, das weiß der Volksmund, und das gilt auch heute. Sie werden deshalb leicht entscheiden können, wohin Ihr Weg Sie heute führen soll. Was Ihr Körper dabei spürt, ist so auch gar nicht wichtig, denn Entscheidungen haben ja immer Konsequenzen.

Wer seinen Körper Tag für Tag sehr eindrucksvoll beherrscht, spürt eine starke Macht in seiner Hand. Ein tolles Gefühl ist das. Denn wer im Umfeld schafft das schon, so konsequent und Tag für Tag und immer wieder. Da ist es gut zu wissen, dass man eine treue und starke Mannschaft für eine solche Aufgabe an seiner Seite weiß. Und eine starke Mannschaft braucht es schon, die einen Körper so beherrscht, wie Sie das schon seit langem können. Und Sie können jetzt einmal schauen, wer in dieser Mannschaft alles so zu finden ist, wer seit langer Zeit in Ihren Diensten ist, wer vielleicht erst neu dazugekommen ist, wer eigentlich in dieser Mannschaft der Wortführer ist, wer eigentlich die meiste Arbeit leistet, wer Ihrem Herzen am nächsten steht, und auf wen man dabei mitunter auch verzichten kann. »Never change a

winning team«, so lautet eine alte Regel. Und das ist gut und richtig so. Die
Mannschaft sollte man nicht wechseln, wenn sie so erfolgreich ist. Über Zie-
le kann man da natürlich leichter reden. Denn was gestern gut und richtig
war, ist morgen vielleicht nur noch Last und kostet Kraft und sehr viel Ener-
gie. Schauen Sie einfach einmal selbst mit Klarheit und mit Sicherheit. Neue
Perspektiven machen manchmal einen Sinn. Die Mannschaft hat sich gut
bewährt. Und daran gibt es keine Zweifel.

In dieser Aufgabe werden viele Eigenschaften Luises angesprochen:
ihr hoher Anspruch an die eigenen Fähigkeiten, die Würdigung der
Leistung, die sie mit der Esskontrolle ja tatsächlich auch vollbringt,
und es wird ausdrücklich nicht verlangt, dass die Klientin diese
Mannschaft aufgeben soll. Dafür wird ganz nebenbei aber ein neuer
Gedanke eingeführt: dass man Ziele überdenken kann. Das löst
Suchprozesse in genau diese Richtung aus.

Das sind wieder völlig ungewohnte Perspektiven für Luise.

Zum einen wird sie in ihren Eigenschaften ausdrücklich bestätigt
und aufgefordert, diese auch zu nutzen. Das stärkt den Glauben und
das Vertrauen in die eigenen Möglichkeiten.

Dann wird zum ersten Mal, wie Luise später bestätigte, anerkannt,
wie schwierig es ist, das ständige Fasten konsequent durchzuhalten.
Denn Hunger und den Wunsch nach Nahrung hat Luise ja auch, sie
gibt diesen Bedürfnissen nur nicht nach. Und die »Mannschaft«, die
unsere Klientin entdeckte, kann sich wahrlich sehen lassen:

Disziplin, Ehrgeiz, Flexibilität, Durchsetzungsvermögen, Leidens-
fähigkeit, Sicherheit, Unabhängigkeit, Willensstärke, Widerstands-
kraft, Unbeirrbarkeit.

Und damit waren noch nicht einmal alle Eigenschaften genannt,
die für ein anorektisches Leben erforderlich sind. Luise zeigte sich
tief beeindruckt. Denn bei allem hohen Anspruch saß ihr auch stets
die Angst im Nacken, diesem nicht gerecht zu werden. Bei solchen
Eigenschaften stieg das Vertrauen in die eigenen Möglichkeiten
deutlich an. Da diese Erkenntnisse in der Hypnose von der Klientin
selbst »spürbar erfahren« worden waren, konnte sie dieses Wissen in
ganz anderer Weise akzeptieren, als wenn dieses Ansinnen von außen

als Vorschlag des Therapeuten eingebracht worden wäre. Und außerdem wurden durch die Hypnose sehr viele Gedanken in Bewegung gesetzt, die überhaupt Änderungen auf der Basis eines neuen Selbstvertrauens erst denkbar werden lassen. Am Anfang hatte Luise solche Möglichkeiten überhaupt nicht in Erwägung gezogen.

Im Verlauf der weiteren, sehr mühevollen und intensiven gemeinsamen Arbeit zeigte sich bei Luise ein sehr komplexer Hintergrund für die Essstörung:

Auslösendes Ereignis war letztendlich die Trennung des Vaters von der Mutter gewesen. Die Klientin hatte bis dahin einen guten Kontakt zu beiden gehabt, der nun abbrach. Diesen Verlust kompensierte Luise, indem sie sich jetzt schwerpunktmäßig der Kontrolle ihres Essverhaltens zuwandte. Das brachte am Anfang auch noch die Anerkennung der Umwelt ein und glich so die vermisste Zuneigung des fehlenden Vaters aus.

Dann allerdings gewann die Ernährungsstörung zunehmend eine Eigendynamik, der Luise nicht mehr gewachsen war. Denn im weiteren Verlauf traten nun Fachleute auf den Plan, die ihre stellvertretende Kontrolle der Verlustgefühle für den Vater durch das Essverhalten zu einer Krankheit erklärten.

Würde die Klientin nun nach einer Therapie das Essverhalten wieder ändern, erhielte die Vermutung des Therapeuten, es handle sich um eine Krankheit, Bestätigung. Denn erst auf seinen Rat wäre ja die Besserung eingetreten. Und Therapeuten braucht man nur, wenn man krank ist. Diese Erkenntnis würde nun aber wieder zu einer tiefen Kränkung führen, da ja Luise die Ernährung gerade als Zeichen der eigenständigen Fähigkeit zur totalen Kontrolle von Körper und Gefühlen aufgebaut hatte. Eine fast unlösbare Situation für die Klientin. Denn jede Entscheidung hätte sich so negativ ausgewirkt. Deshalb musste eine gänzlich neue, andere Perspektive ermöglicht werden, die eine Änderung des bisherigen Verhaltens »erlauben« könnte.

Luise hat sich dann mit der folgenden Aufgabe auseinander gesetzt:

85

Es gibt Situationen im Leben, da muss man sich zu schützen wissen, um Trennungsschmerzen zu ertragen und eigene Interessen irgendwie zu wahren. Das ist auch gut und richtig so. Man baut sich eine Mannschaft auf, die dabei sicher helfen kann; die tut dann Tag für Tag und unverdrossen ihren Dienst. Jahrein, jahraus, und niemand fragt mehr irgendwann nach, ob das noch so im »Sinne des Erfinders« ist. Denn jeder kann ja zu derselben Zeit nicht an sehr vielen Orten sein. Und was heute gut und richtig ist, macht oft morgen keinen Sinn. Deshalb dürfen Sie sich jetzt einmal neu besprechen und schauen, ob es dabei vielleicht etwas zu ändern gibt.

Natürlich tut eine Trennung weh, zumal wenn man den Vater liebt. Das ist keine Frage. Es dauert auch eine Zeit, bis man wieder schmerzfrei leben kann und vielleicht sogar versteht, dass es für ihn so besser war. Und irgendwann steht dann ein neues, ganz eigenes Leben vor der Tür, mit unendlich vielen neuen Möglichkeiten. Es ist ein herrliches Gefühl, wenn alle Türen offen stehen. Und so, wie man bis zum Abitur dieses und jenes erst einmal lernen muss, um am Ende sein Ziel sicher zu erreichen, so muss man auch im Leben auch erst erkennen, was auf Dauer gut und richtig ist. Wer Tag und Nacht nur an das Essen denken kann, verschenkt ja jede neue Perspektive. Früher machte das schon alles einen Sinn. Wenn man irgendwann einmal erwachsen ist, legt man solche Fesseln gerne wieder ab, denn die behindern auch. Wer eine Mannschaft mit so ungeheuren Fähigkeiten zu seiner täglichen Verfügung hat, wird sie auch angemessen nutzen wollen. Wer sein Abitur als Beste ihrer Klasse in der Tasche hat, wird den Erfolg der Arbeit auch genießen wollen. Sonst macht ja alles keinen Sinn. Was man tun und lassen will, bestimmt man fortan selbst.

Fesseln zu sprengen ist ein gutes Gefühl. Die Mannschaft bleibt, aber die Ziele wechseln.

Therapeuten braucht man dafür wahrlich nicht, denn es geht ja um das eigene Leben und sonst nichts. Sie haben jetzt alle Zeit, die Sie nun brauchen, um mit jedem Teil der Mannschaft neue Ziele zu besprechen. Da wird sich mancher überraschende Weg schon finden lassen, wenn so erstklassige Köpfe miteinander reden. Das ist sicher. Aber schauen Sie lieber selbst einmal, wo Sie künftig welche Wege gehen möchten, in aller Ruhe und mit Sicherheit.

Mit dieser Aufgabe wurde die eingangs eingeführte »Mannschaft« wieder aufgenommen und darauf hingewiesen, dass neue Perspektiven möglich sein können, wenn man danach sucht. Um die Zwickmühle, in der sich Luise vorher bei der Problemsituation befunden hat, aufzulösen, wurde nun als neuer Gesichtspunkt die Ernährungsstörung als sinnvolle und hilfreiche, aber nun nicht mehr aktuelle Verhaltensform dargestellt. Dadurch wird ermöglicht, dass sich Luise ohne Gesichtsverlust und ohne Verlust ihrer Autonomie einer Änderung ihres Verhaltens zuwenden kann. Da dieses neue Verhalten mit den anderen Anteilen ihrer Persönlichkeit, der »Mannschaft«, in der Hypnose abgesprochen wird, finden alle bislang beteiligten Eigenschaften eine angemessene Berücksichtigung und werden weiterhin genutzt.

Luise hat insgesamt acht Wochen in unserem Haus mit Hypnotherapie gearbeitet. Denn es mussten noch zahlreiche andere Probleme in diesem Zusammenhang bearbeitet werden. Die beiden erläuterten Hypnoseaufgaben hatten im Rahmen der Therapie aber eine zentrale Bedeutung. Inzwischen ist Luise zwar immer noch sehr schlank, und das möchte sie auch bleiben, aber bedrohliche Situationen sind durch die Ernährung nicht mehr aufgetreten.

Tinnitus – der ständige Unruheherd

An die erste Begegnung mit dem Tinnitus erinnert man sich immer. Und die verläuft sehr individuell. Nicht selten kommt es vor, dass sich unvermittelt und aus dem Wohlbefinden heraus ein Ohr etwas taub anfühlt, so als hätte jemand eine Wattehaube darüber gestülpt. Die Taubheit weicht dann nach ein paar Minuten, mitunter allerdings auch erst nach Tagen. Und dann hört man zum ersten Mal diesen leisen Ton. Irgendwie ist er kaum wahrnehmbar, aber man spürt, dass sich etwas verändert hat. Eindringlich ist er, der Ton, unüberhörbar. Man wartet dann ein paar Minuten in der Hoffnung, dass er von allein verschwinden möge. Aber nach dem Einschlafen meldet sich der Ton sofort am nächsten Morgen wieder, eine Spur lauter noch als zuvor. Und es wird sehr deutlich daran klar, dass Sie ein Problem haben.

So mancher Tinnitus meldet sich sehr brutal und laut zu Wort. Mitten in der Nacht erwachen Sie, ohne zunächst den Grund dafür zu kennen. Dann ist dieses Pfeifen auf beiden Ohren da, schrill und grell und so laut, als hätten Sie eine kreisende Säge in Ihrem Kopf. Sie sehen aus dem Fenster, ob die Quelle für dieses irrwitzige Geräusch vielleicht draußen beim Nachbarhaus zu finden ist. Dann schütteln Sie heftig den Kopf, drücken auf die Ohren, laufen hin und her. Aber all das ändert nichts. Und eine heftige Panik steigt in Ihnen auf, die Sie den Notarzt rufen lässt. Der misst den Blutdruck, schaut in das Ohr, findet aber nichts. Der Druck ist natürlich erhöht, denn es sind ja heftige Ängste da. Aber Gründe für das Geräusch sieht man so nicht. Dann fällt der Name »Tinnitus«. Und Sie erinnern sich, dass oft darüber geschrieben wurde: Quälend, chronisch, kaum therapierbar soll er sein. Der innere Schrei nach Hilfe ist sehr laut und übertönt fast das Ohrgeräusch.

Mitunter verliert man auch ganz akut sein Gehör. Das ist ein Gefühl, als hätte jemand eine Tür im Ohr verschlossen. Man steckt den Finger in den Gehörgang, versucht mit einem Wattestäbchen das vermeintliche Hindernis zu beseitigen und merkt dann aber schnell, dass wohl eine andere Ursache für den Hörverlust verantwortlich ist. Der Facharzt bestätigt dann die Diagnose: »Akuter Hörsturz« und ist mit Ihnen froh, dass nur ein Ohr davon betroffen ist. Gleichwohl gesellt sich ein sehr unangenehmer Schwindel zu der Taubheit und eine ausgesprochen aggressive Übelkeit stellt sich am Ende auch noch ein.

Einige medizinische Maßnahmen werden ergriffen und sehr erleichtert stellen Sie nach einer Woche fest, dass Ihr Ohr zunehmend wieder hören kann. Dieses gute Gefühl weicht dann allerdings recht schnell, wenn sich ein Pfeifton im Hochfrequenzbereich deutlich bemerkbar macht, einmal lauter, einmal leiser, einmal eher klingelnd, dann wieder geradezu dröhnend laut. Die Ärzte führen einige

Untersuchungen durch und erklären Ihnen dann, dass leider, was gar nicht so selten ist, im Anschluss an den Hörsturz nun ein Tinnitus bei Ihnen zu verzeichnen ist. Die Prognose sei dabei sehr wechselnd, man könne aber durchaus zuversichtlich sein, denn die Hörfähigkeit hätte sich ja auch sehr schnell gebessert. Dann werden Sie wieder aus der Klinik nach Hause entlassen. Der Tinnitus kommt aber mit Ihnen mit und weicht nicht mehr aus Ihrem Ohr. Und es stellt sich bald die bange Frage, ob denn niemals wieder Ruhe werden kann.

So oder ganz ähnlich nistet sich das Geräusch in vielen Köpfen ein. Denn der Tinnitus kann nicht nur direkt im Ohr zu hören sein. Mitunter empfindet man die Klangquelle in der Mitte des Schädels. Auch rechts oder links im Schläfenbereich sind lästige Töne zu finden. Und selbst der Nacken und der Hinterkopf sind keinesfalls vor ihm gefeit. Die Klangqualität ist in der Vielfalt unbegrenzt. Von einem hohen Ton, der wie eine Hundepfeife kaum hörbar und dennoch unglaublich intensiv wahrzunehmen ist, bis zu einem Brummen in einer niedrigen Frequenz, wie man es von tiefen Bässen kennt, kann alles möglich sein. Mitunter sind solche Töne gleich bleibend laut oder leise, aber auch an- und abschwellende Geräusche kommen vor. Der Geräuschcharakter kann sehr milde sein, fast wie ein Orgelpfeifenton, aber auch schrill und eindringlich und einer Nervensäge gleich, scheppernd oder wie ein Glockenklang.

Und so können die Störenfriede auch unterschiedlich in der Wirkung sein. Irritieren werden sie dabei natürlich immer. Manch einer arrangiert sich dann mit einem lästigen, aber wohl nicht umgehbaren Übel. Andere werden fast in den Selbstmord getrieben, weil der Tinnitus einen bis an die Grenzen des Wahnsinns treibt: Nie ist Ruhe, jeder Gedanke wird gestört. Wie eine Folter kann das sein, ohne jede Hoffnung auf ein Entrinnen.

Medizinisch geht die Wissenschaft von Durchblutungsstörungen aus, die Schäden im Hörzellbereich auslösen sollen. Bewiesen ist das alles nicht, und organisch lassen sich bislang bei einem Tinnitus keine Schäden nachweisen. Die Frequenz, auf der er »sendet«, kann allerdings exakt gemessen werden. So wird es möglich, eine Beschallung künstlich zu erzeugen, die den Ton im Ohr praktisch »löscht« und durch einen anderen ersetzt. Für kurze Zeit schafft das eine Erleichterung. Während des Tages gibt es auch manche andere Ablenkung, die den Fokus der Aufmerksamkeit in angenehmere Richtungen lenken kann: die berufliche Tätigkeit, Musik, Film und Funk oder Gespräche und das Vertiefen in ein Buch.

Am Abend und in der Nacht kehrt im Leben der meisten Menschen allerdings irgendwann die Stille ein. Und in ihr erwacht der Tinnitus zu einem Nerven zermürbenden Leben oft bis in die tiefe Nacht.

Medikamentös werden mit eher wechselndem Erfolg Infusionen durchgeführt, die die Durchblutung verbessern sollen. Diese Möglichkeiten sind begrenzt. Tabletten werden auch verordnet mit dem gleichen Hintergrund. Und in sehr schweren Fällen erhalten Tinnitus-Patienten auch Beruhigungsmittel oder Tabletten gegen Depressionen.

BEISPIEL:

Herr Q. war 53 Jahre alt und hatte im Leben viel geleistet. Als Hochschullehrer an einer privaten Universität war ihm ein sehr wichtiges Projekt anvertraut worden. Eine völlig neue Abteilung musste eingerichtet werden. Dabei gab es unendlich viel zu bedenken, zu planen und in die Praxis umzusetzen. Dieses Aufgabenfeld hatte Herrn Q. oft bis an die Grenzen belastet, aber am Ende war der Erfolg ihm dann auch sicher. Die öffentlichen Medien waren des Lobes voll und entsprachen damit genau der Zufriedenheit des Führungsgremiums. Herr Q. konnte sich also bequem in seinem Ledersessel zurücklehnen und den Erfolg in vollen Zügen genießen. Langsam kehrten Ruhe und ein vergleichsweise beschaulicher Alltag in sein Leben ein. Allerdings war die eheliche Beziehung des Hochschullehrers auf der »Strecke« geblieben, zu sehr hatte seine Frau sich in den vergangenen Jahren alleine und ohne jede Beachtung gefühlt.

Irgendwie fühlte sich Herr Q. nicht mehr wohl in seiner Haut. Die Aufgabe an der Universität, der tägliche Trott, erschien ihm ohne großen Wert zu sein. In der Freizeit war jetzt sehr viel Raum, den er nicht zu füllen wusste. Er fragte sich oft, in welche Richtung sein Leben in den nächsten Jahren wohl gehen sollte. Denn Karriere hatte er ja schon gemacht. Zweifel kamen auf, der Wunsch, noch einmal neu und völlig anders zu beginnen. Die Pension wäre in einem solchen Fall allerdings verwirkt. Und das machte ihm dann auch wieder Angst. In der Beziehungsfrage zeigte sich Herr Q. sehr widersprüchlich in seinen Wünschen und war sich nicht sicher, ob er lieber allein oder wieder mit einer Partnerin den Alltag gestalten wollte. So gab es viele Fragezeichen in seinem Leben. Herr Q. schlief schlecht, war unkonzentriert und lustlos bei der Arbeit. Irgendwie wurde alles nur noch zur Last. Dann kam der Tinnitus mit Vehemenz auf beiden Ohren, laut, eindringlich, vom ersten Tag an unerträglich. An Arbeit war nun nicht mehr zu denken, Freizeit gab es überhaupt nicht mehr, denn der Tinnitus war ohne Unterlass einfach da. Nachdem alle Untersuchungen abgeschlossen waren, ein Tumor nicht vorlag und sich auch sonst keine organische Ursache zuordnen ließ, stand Herr Q. vor der Erkenntnis, dass sein Tinnitus zum neuen Lebensinhalt geworden war. Ohne Unterlass kreisten die Gedanken fortan nur noch darum, wie damit umzugehen war, wie man ihn überdecken konnte, welche Therapiemöglichkeiten die Spezialisten der Schulmedizin bundesweit zu bieten hatten und wo sich Alternativen fanden. Für Lehre und Forschung blieb kein Raum, und an eine Partnerschaft war überhaupt nicht mehr zu denken.

So reiste der Hochschullehrer einige Monate durch das Land, ohne eine wirkliche Änderung seiner quälenden Geräusche zu bemerken. Es gab Tage, an denen er sich dennoch im Alltag zurechtfinden konnte, andere trieben ihn in die Verzweiflung. An einem solchen Tag entschloss sich Herr Q., Hilfe in Form von Hypnotherapie in Anspruch zu nehmen.

Hypnotherapie ist auch bei Tinnitus ganzheitlich einsetzbar. Die Verbesserung der Durchblutung auch in den kleinsten Gefäßen, die unter Hypnose messbar wird, kommt den Vorstellungen der Medizintheoretiker entgegen. Die Vermutung, dass seelische Störungen ihren Einfluss ausgeübt haben können, wird durch Hypnotherapie in gleicher Weise beachtet.

Im Verlauf der gemeinsamen Arbeit fand Herr Q. heraus, dass er in seinem Leben Sinn und Inhalt irgendwie verloren hatte. Die geleistete Arbeit hatte gleichsam diese Werte aufgezehrt.

Dabei war der Hochschullehrer allen Anforderungen gerecht geworden und deshalb keinesfalls frustriert. Er konnte mit seinem Leben bis zum Abschluss des Projektes wahrlich zufrieden sein. Nachdem dieses Ziel erreicht war, zeigte sich allerdings an seinem Horizont nichts von vergleichbarer Dimension. Privat hatte das Leben ohne die langjährige Partnerin auch keine rechte Perspektive mehr zu bieten. Es fehlte vor allem und für alles an einer neuen Orientierung. Wo sollten Schwerpunkte gesetzt werden? Spielte die Pension wirklich eine so große Rolle?

Konnte nur wieder große Dimension dem Leben Inhalt geben? Galt es mehr auf die eigene innere Stimme zu hören, die Veränderungen wünschte, oder hatten all jene Freunde Recht, die ihm eine Wahrung der Besitzstände als höchstes Ziel nahe legten? Wonach sollte er sich richten? Eine ungeheuer ermüdende Suche hatte so im Unterbewussten eingesetzt, die Kraft zehrte, Konzentration auf andere Inhalte kaum zuließ und in eine ausgeprägte Erschöpfung führte. An diesem absoluten Rande der Belastbarkeit forderte dann noch der Tinnitus seinen Tribut an Aufmerksamkeit. Es war nicht sehr verwunderlich, dass Herr Q. unter solchen Bedingungen sein Leben nicht mehr für lebenswert hielt.

Es galt also vorrangig, eine neue Orientierung zu finden, um diese verzehrende Suche endlich zu beenden.

Wir haben Herrn Q. in dieser Phase der Therapie nach etwa drei Wochen gemeinsamer Arbeit die folgende Aufgabe angeboten:

Sein berufliches Leben mit Erfolg zu krönen, ist wahrlich ein gutes Gefühl. Daran gibt es wirklich nicht die geringsten Zweifel. Und der Erfolg hat vie-

le Väter: Erst einmal ist da der Plan, den es so umzusetzen gilt. Dann braucht man Übersicht und Mut und einen weiten Horizont. Selbstvertrauen hilft auch sehr viel weiter auf der Straße des Erfolgs. Immer gilt es Entscheidungen sicher zu treffen, und das ist gar nicht so sehr leicht. Da ist es gut, wenn man sich auf die innere Stimme verlassen kann, die sicher Wege weist. Denn längst nicht immer hilft nur Wissen, Intuition ist auch gefragt. Ein Leuchtturm in der eigenen Mitte weist auch dort in eine gute Richtung, wo Informationen von draußen eigentlich noch fehlen.

Nur selten hält ein Leuchtturm lebenslang, und hin und wieder muss das Licht, das Wege weist, gewechselt werden. Das ist ganz natürlich und normal. Und das ist auch gut und richtig so. Da muss man dann das richtige Spektrum kennen. So ein Spektrum ist ja breit und setzt sich aus vielen einzelnen Strahlen zusammen. Die wirklich hilfreichen Leuchtturmstrahlen zu entdecken kann fast so schwer wie ein Puzzle sein. Denn erst, wenn auch das letzte Teilchen passt, ergibt sich dann ein neues Bild, das neue Orientierung gibt.

Und damit Sie genau das richtige Spektrum finden, haben Sie nun die Möglichkeit, ein ganz besonderes Puzzle zu legen, es ist ein Orientierungspuzzle. Die Anzahl der Teile ist so nicht bekannt, Sie können das also selbst bestimmen, wie es gut und richtig für Sie ist. Und natürlich hat Ihr Puzzle auch einen Name: Es ist das Puzzle des Dr. Q. aus B.

In diesem Puzzle werden Sie als Orientierung finden können, was wirklich für Sie typisch ist: Eigenschaften, Phänomene, Wünsche, Gedanken, Schwächen und Stärken, Phantasie und Kreativität. Alles, was tatsächlich nur aus der eigenen Mitte kommt, werden Sie so finden können. Das macht eine Orientierung wirklich sicher. Vielleicht finden Sie nicht jedes Teil sofort, vielleicht ist es auch nicht immer leicht, den richtigen Platz für das richtige Teil zu finden, am Ende aber wird das Bild dann klar. Und dann können Sie endlich ein neues Spektrum bilden, das wieder Orientierung gibt im Leben. Es ist ein sehr gutes Gefühl, endlich wieder zu wissen, wo und wie der Weg zu finden ist. Denn nur selten ist es das rote Menetekel an der Wand, meistens sind es die kleinen Veränderungen, die Großes bewirken, zurück auf dem Weg zur Harmonie von Körper und Seele.

Durch diese Aufgabe wurden verschiedene Persönlichkeitsanteile des Herrn Q. angesprochen. Nach der Würdigung der Lebensleistung wurde die Aufmerksamkeit auf den Leuchtturm als Orientierungsinstrument gerichtet. Dabei handelt es sich um ein sehr wirkungsstarkes Symbol mit hoher Intensität für die Auslösung von Suchprozessen. Und da Herrn Q. die Orientierung fehlt, ist eine solche Suche sehr wünschenswert und hilfreich.

Im Anschluss wird darauf hingewiesen, dass man Leuchtquellen, und damit die Art der Orientierungshilfe, mit dem Leben verändern muss, um sie weiterhin nutzen zu können. Das macht erforderliche Änderungsprozesse deutlich und möglich. Schließlich wird ein völlig neues Bild eingeführt, das eigentlich mit dem Leuchtturm in keiner Beziehung steht: das Puzzle. Die bildhafte Sprache und das bildhafte Verständnis unter Hypnose vollzieht eine solche Verknüpfung aber sehr leicht. Gleichzeitig wird so wieder auf den Wechsel der Orientierung hingewiesen. Die Puzzleaufgabe ermöglicht es Herrn Q. nun in der Folge, Stück für Stück, die ihm wirklich wichtigen Kriterien für sein Leben zu finden, die ihm neue Orientierung geben können. Denn nur unter diesen Gesichtspunkten ist eine authentische Neuorientierung möglich.

Nach dieser Aufgabe war Herr Q. schlagartig und ohne jede Vorankündigung von seinem Tinnitus für zwei Tage befreit. Das war für den Hochschullehrer eine sensationelle Erfahrung.

Die meiste Zeit davon verbrachte der Klient, so paradox das klingen mag, damit, in sich hineinzuhören, ob denn der Tinnitus nicht doch noch irgendwo zu finden war. Ein solches Verhalten wird aus der Angst geboren, man könnte sich »falsche Hoffnungen« machen und den Tinnitus nur »überhören«.

Wir haben den Klienten darauf hingewiesen, dass eine Rückkehr der Ohrgeräusche sehr wahrscheinlich zu erwarten sei. Und das ist nach zwei Tagen dann ja auch geschehen.

Denn erst dann, wenn wirklich etwas geändert ist, ändert sich auch etwas. Und Herr Q. hatte bis dahin ja lediglich »über den Zaun geschaut«, aber noch keine wirklichen Überzeugungsänderungen vorgenommen und diese in die Praxis umgesetzt. Die Erfahrung aber, dass es möglich war, tatsächlich ohne Tinnitus zu leben und der Umstand, dass die neuen Geräusche von deutlich weniger belastendem Charakter waren, haben Herrn Q. von der Richtigkeit der Zusammenhänge zwischen seiner Orientierung und dem Tinnitus überzeugen können. Und nur innere Überzeugung macht Änderungen möglich.

Der Hochschullehrer hatte sich durch sein Puzzle wieder auf seine ureigenen Inhalte und Werte besonnen: Präzision und hoher Anspruch in der Arbeit, Zuverlässigkeit, die Freude am Vermitteln dieses Wissens an seine Studenten und die Anerkennung dafür auch zu genießen. Daneben entdeckte er seine Bedürfnisse nach einer partnerschaftlichen Gemeinsamkeit und seine erotischen Interessen wieder.

Natürlich hätte er das auch alleine entdecken können, hatte er aber deshalb nicht, weil die Sicht darauf verstellt gewesen war. Herr Q. hat dann konsequent an der Umsetzung gearbeitet. Und das war so einfach nun auch wieder nicht, wie es sich lesen mag.

Der Tinnitus veränderte dann nach der Entlassung aus der stationären Therapie weiter seinen Charakter, wurde leiser, weit weniger quälend und erschien an einigen Tagen im Monat gar nicht mehr. Da Herr Q. diesen Zustand ja schon erlebt hatte, verzichtete er dieses Mal auf die Suche danach. Nach etwa einem halben Jahr waren die lästigen Geräusche dann verschwunden. Auf unsere Nachfrage berichtete der Klient, dass der Tinnitus höchstens noch einmal für einige Minuten zu hören sei. Dann wisse er jedes Mal aus Erfahrung gleich, dass er wieder »alte Wege« gegangen war. In diesem Sinne sei das Geräusch ihm nun auch eine echte Orientierungshilfe, um auf dem »rechten Weg« zu bleiben.

Burn-out-Syndrom – wenn Körper und Seele streiken

Zu Beginn der dritten Lebensdekade ist die Welt für viele Menschen noch in Ordnung. Das ist eine Phase voller Energie und Pläne und pralle Kräfte stehen uneingeschränkt zur täglichen Verfügung. Ausbildungen sind endlich abgeschlossen: Schulen, Abschluss, Lehrberuf oder Studium. Alle Türen stehen offen, und die Karriereleiter harrt der ehrgeizigen Aufsteiger, die steil nach oben wollen.

Der junge Friseur hat sehr ambitionierte Pläne. Die Betreuung der Kunden muss endlich völlig neu überdacht werden, viel ganzheitlicher muss eine Betreuung sein. Das Schneiden der Haare ist natürlich wichtig, denn deshalb kommen die Kunden in das Geschäft. Aber mental wollen sich diese Menschen doch auch erholen, Entspannung tut Not in der Hektik unserer Tage. Wellness heißt das neue Zauberwort. Eine erholsame Massage der Nackenmuskulatur schafft schon vor dem Waschen der Haare erste Entspannung. Danach folgt dann ein heißes Tuch, das müde Lebensgeister weckt. Den Raum erfüllen Klänge, die wie aus anderen Sphären scheinen. Schließlich wird ausführlich ein Profil entworfen. Denn es geht ja nicht nur darum, die Haare irgendwie zu kürzen: Die Persönlichkeit des Kunden muss durch den Friseur deutliche Unterstützung finden. Beim Schneiden der Haare werden behutsam kleine Spannungen des Alltags – fast seelsorgerisch – durch ein offenes Ohr und verständnisvolle Worte kompensiert. Am Ende wird die neueste Pflegelinie vorgestellt und das passende Haarwaschmittel nach ausführlicher Beratung gemeinsam ausgewählt.

Ein dergestalt intensiv betreuter Kunde wird sehr gerne auch ein solcher bleiben, denkt man sich.

Der junge Arzt hat das Studium und seine Ausbildung an der Klinik mit Lob und Auszeichnung beenden können. Auch die Facharztprüfung ist bestanden. Nun soll es endlich in die eigene Praxis hinausgehen. Manches Hindernis wird dabei aus dem Weg geräumt, wirtschaftlich gerechnet und geplant. Geeignete Räumlichkeiten finden sich auch, pünktlich wird die Einrichtung geliefert, alle Geräte sind auf Funktionen überprüft, zwei Helferinnen vollenden das Team. Und dann wird die Eröffnung gefeiert: »Dr. med. Schmitt – Internist.« In dieser Praxis soll nun wirklich alles anders werden.

Die Klagen der einst in der Klinik liegenden Klienten über die ambulante Betreuung der anderen Kollegen sind vertrauensvoll berücksichtigt. Für jeden Klienten wird es genau die Zeit geben, die er braucht.

Zuwendung und Sorgfalt sind das oberste Gebot. Ein jeder wird beim ersten Kontakt in der Praxis gemessen und gewogen werden, weil das irgendwann ganz sicher wichtig ist. Und natürlich wird auch jeder Körper mit großer Genauigkeit untersucht. Die Zahl der Geräte für die Diagnostik steht der einer kleinen Klinik kaum nach. Das kostet alles sehr viel Geld, aber als Arzt ist man nun einmal vor allem dem Wohl seiner Patienten verpflichtet. Und Fehler aufgrund mangelhafter Diagnostik möchte niemand auf der weißen Weste des Gewissens haben. So befinden sich Mensch und Technik auf dem allerbesten und neuesten Stand.

Die Patienten werden froh und glücklich sein und sorgfältige Arbeit spüren und zu schätzen wissen. Daran hat man wenig Zweifel.

Die junge Altenpflegerin ist aus tiefster Überzeugung zu ihrem Beruf gekommen. Jahrelang hatte sie ganz persönlich erleben müssen, wie die Großmutter aufgrund ihrer Pflegebedürftigkeit auf den Stationen verschiedener Heime ein Leben, im wahrsten Sinne des Wortes, fristete, so wie man es wirklich niemandem wünschen konnte. Persönliche Kontakte gibt es nicht. Das Essen wird dreimal am Tag meistens wortlos neben das Bett gestellt.

Und überhaupt scheint das wirklich wesentliche Ziel der Arbeit zu sein, das so ausgeteilte Geschirr binnen möglichst kurzer Zeit wieder sauber und getrocknet geordnet in den Schrank zu stellen. Einmal am Tage werden die sichtbaren Körperteile gewaschen, flüchtig die Haare gekämmt und mitunter auch der Blutdruck gemessen, wenn der Arzt es so verordnet hat. Am Abend teilt die Nachtschwester Tabletten aus. Sie hätte mitunter gerne ein Wort gewechselt, schafft ihre Runde aber so schon kaum.

Das alles muss wirklich anders werden, wünscht sich die Altenpflegerin von Herzen, und alle Bewohner des neuen Heimes stimmen ihr darin zu.

Für die junge Mutter hat sich die Frage nach einem anderen Beruf so nie gestellt. Das Studium war nach langer Überlegung abgebrochen worden, weil klar war, dass allein die Familie mit Kindern das Lebensglück wirklich bescheren kann. Als Mittelpunkt einer solchen Familie den Mann und die Kinder mit Liebe und Fürsorge zu versorgen, einen gemeinsamen Ort der Geborgenheit und Sicherheit zu schaffen, kann einem Leben sicher Sinn und Inhalt geben. Man erinnert sich daran, wie herrlich die eigene Kindheit war, und möchte die eigenen Kinder genau in der gleichen Weise behüten und ihnen die Basis für ein glückliches Leben geben. Oder aber man hat gerade als Kontrast erlebt, wie sehr man sich als Kind nach Liebe und Zuwendung der Eltern sehnte und wie elend man sich fühlte, wenn stattdessen Abweisung und Gleichgültigkeit vermittelt wurden. Dann sollen die eigenen Kinder so etwas nie erleben müssen. Mutter zu sein, ist eine wichtige Aufgabe für eine Frau, die sich einer so großen Herausforderung gewachsen fühlt.

Fünfzehn Jahre später: Die Welt sieht mitunter etwas anders aus, wenn sich wunderbare Visionen und Wünsche im Alltag bewähren müssen.

Der junge Friseur war von Beginn bei seinen Kundinnen sehr beliebt und hatte einen großen Zulauf. Die Ideen der ganzheitlichen Haarschneiderei fanden alle im Salon großartig und begeisternd. Genau so sollte in der Zukunft verfahren werden. Es stellte sich dann aber bald heraus, dass der Inhaber des Salons von sinkenden Umsatzzahlen sprach, denn jeder brauchte einfach viel mehr Zeit. So nach und nach kehrte so wieder der gewohnte Alltag ein. Der junge Friseur machte seinen Meister und eröffnete schließlich einen eigenen Salon, um nun endlich sein Konzept der Perfektion auch umzusetzen. Die Kosten dafür hatte er allerdings weit unterschätzt, das zeigte sich schon bald. So entstand erheblicher finanzieller Druck.

Dann machte ein Billigsalon in der Nachbarschaft seine Pforten auf. Und mit großer Verwunderung musste der Friseur erkennen, dass ein Kunde nach dem anderen den billigen Preis und den schnellen Schnitt seiner umfassenden Betreuung vorzog und deshalb in den neuen Betrieb wechselte. Verbittert sah sich der Mann gezwungen, die eigene Arbeit diesem Niveau anzupassen, um wirtschaftlich zu überleben. Das brachte ihm die alten Kunden wieder zurück, denn seine Schneidetechnik war einfach um vieles besser als die der Konkurrenz, aber Lustlosigkeit hielt Einzug in seinem Betrieb. Der Friseur war müde und erschöpft, was man auch an der Hautdurchblutung sah. Er wirkte zunehmend ungepflegt und jede Begeisterung wich aus seiner Tätigkeit. Nach ein paar Jahren stellte der Hausarzt ein Burn-out-Syndrom fest und riet dringend zu einer Kur.

Der Arzt hatte mit sehr viel Engagement seine Praxis aufgebaut. Und es kostete ihn sehr viel mehr Zeit und Kraft, als er sich vorgestellt hatte, um einen wirtschaftlich rentablen Betrieb daraus zu machen, der seinen Mann ernährte. Die Schulden häuften sich in den ersten Jahren immer weiter an, und nicht nur einmal drohte die Bank mit einer Aufkündigung der Kredite. Dann wurde die Situation stabiler, aber ein enormer Druck war entstanden, dem es täglich standzuhalten galt. Die Patienten kamen gerne in die Praxis. Allerdings war der Arzt sehr gründlich. Gründlichkeit kostet Zeit, und das verursachte lange Wartestunden. Deshalb machte sich hin und wieder Unzufriedenheit im Wartezimmer breit. Von der Abrechnungsstelle kamen erst milde, dann immer deutlichere Hinweise auf eine »unwirtschaftliche« Behandlungsweise: Zu oft wurden Hausbesuche gemacht, zu häufig kam das Ultraschallgerät zum Einsatz, zu viel Blut wurde untersucht. Der Doktor war wegen dieser Rügen ungehalten, denn er bekam ohnehin nur einen sehr geringen Betrag von den Krankenkassen für seine Arbeit, der kaum die Kosten deckte. Ein Drittel der Arbeit leistete er sowieso ohne Entgelt. Die Krankenkassen verlangten derweil immer mehr Verwaltungsarbeit, die bei der Betreuung der Patienten fehlte. Der Arzt arbeitete deshalb oft bis in den späten Abend. In der Familie gab es deshalb häufig Streit, so dass der Arzt auch in der Praxis nicht mehr nur Optimismus und gute Laune versprühte. »Der hat es jetzt nicht mehr nötig«, munkelte man. Das kränkte den Arzt sehr. Irgendwann wich dann die Energie aus seiner Arbeit, Müdigkeit bestimmte mehr und mehr den Tag. Besuche wurden auch schon einmal abgesagt. Die Patienten quittierten das sofort und suchten den Kollegen auf. Nach all den Jahren hatte er das nicht verdient, dachte der Arzt. Eine tiefe Resignation machte sich breit und lähmte ihn täglich. Und eigentlich wäre es ihm sehr recht gewesen, dass sein Wartezimmer immer leerer wurde, wenn da nicht die Banken gewesen wären. Ein befreundeter Kollege bemerkte diese Entwicklung mit Erschrecken und versuchte im Gespräch Hilfe anzubieten. Der Arzt sah keine Möglichkeit, sein Leben wieder in andere Bahnen zu lenken, erklärte sich aber auf Drängen bereit, ein Mittel gegen Depressionen einzunehmen, weil er sich so entsetzlich ausgebrannt fühlte.

Die Altenpflegerin suchte viele Gespräche, um den Bewohnern des Heimes Geborgenheit und Liebe zu vermitteln. Man nannte sie dort bald auch einen »Engel«, was ihr natürlich schmeichelte. Wie das allerdings oft im Leben ist: Zuwendung weckt auch immer neue Forderungen. Und nach einiger Zeit suchte die Altenpflegerin einige Zimmer nicht mehr ganz so gerne auf, weil die Bewohnerinnen sehr ungehalten reagierten, wenn die Zuwendung einmal aus Zeitgründen nicht ganz so intensiv ausfiel, wie sie das sonst gewohnt waren. Sie bemerkte aber auch, wie tief es sie jedes Mal ganz im Inneren traf, wenn ein Bewohner schwer erkrankte oder starb und sie keine wirkliche Hilfe leisten konnte. Nahezu unbemerkt baute sie deshalb zunehmend Distanz in ihrer Beziehung zu den alten Menschen auf, um diesen Schmerz vorab zu lindern. Irgendwann übernahm ein neuer Träger das Haus und die Personaldecke wurde merklich gestrafft. Für Gespräche blieb nun kaum noch Zeit. So war die Altenpflegerin zunehmend unzufrieden mit der eigenen Arbeit, obwohl die Ursachen gar nicht von ihr zu vertreten waren. Die alten Menschen verfielen auch wieder in Teilnahmslosigkeit, man beachtete sich gegenseitig kaum mehr. So entwickelte sich ein Teufelskreis aus Enttäuschung, Müdigkeit, Resignation und manchmal auch Wut. Und die Erinnerungen an die Anfangszeit mit all ihren Werten und Idealen waren sehr schmerzlich.

Die Altenpflegerin beantragte schließlich eine vorzeitige Rente, weil sie den Belastungen einfach nicht mehr gewachsen war. Burnout hat viele Facetten.

Die fürsorgliche Mutter, die aus tiefer Überzeugung das Studium aufgegeben hatte, um eine Familie zu gründen und dann so zu versorgen, tat das mit einem aufopfernden Einsatz.

Dem ersten Kind folgte bald ein zweites, schließlich meldete sich ungeplant auch noch ein drittes Kind in der Familie an. Der Arbeitstag stand dem eines Managers in gar nichts nach. Rund um die Uhr musste die Versorgung gewährleistet sein. Wäsche lag täglich frisch im Schrank, der Kühlschrank war stets gut gefüllt, die Wohnung fand man meistens aufgeräumt, ein Kind musste in den Kindergarten gefahren werden, eines hatte Tennisunterricht und eines war noch ohne Unterbrechung im Haus. Der Ehemann hatte in diesem Alltag immer weniger Platz, für Liebe und Zärtlichkeit blieb wenig Raum, abends war die Erschöpfung das füllende Programm. Nur an den Wochenenden blieb Zeit für Gemeinsamkeiten. Die Kinder wurden größer und die Mutterliebe fand nicht immer den Widerhall, den sie verdient hätte. Mitunter sah sie sich sehr »dienstbotenhaft« die täglichen Pflichten erfüllend. Und irgendwann wurde es ihr nur noch lästig zu waschen, zu putzen und zu kochen. Zeit für eigene Interessen war in den Jahren nie gewesen, und nun stellte sie erstaunt fest, dass überhaupt keine mehr zu finden waren. Sie fühlte sich nutzlos und leer, eigentlich brauchte sie niemand mehr. Das Gedeihen der Kinder legte zwar ein vorzügliches Zeugnis ab für die Qualität der mütterlichen Arbeit, und auch der Ehemann erkannte ihre Arbeit stets wertschätzend an, aber Trost brachte das alles nicht. Inhalt und Sinn offenbarten sich in ihrem Leben einfach nicht mehr. Die Suche nach einer neuen Perspektive wurde immer wieder durch depressive Episoden unterbrochen, und die Lebensfreude stellte sich immer seltener ein. Der Hausarzt führte viele Untersuchungen durch, aber organisch ließ sich keine Veränderung entdecken. Auch bei Müttern gibt es das Burn-out-Syndrom.

Burn-out trifft immer nur die engagierten und besonders anspruchsvollen Menschen.

BEISPIEL:

Als Herr M. die Hypnotherapie-Sprechstunde aufsuchte, war er zweiundfünfzig Jahre alt und seit fast dreißig Jahren Lehrer an einem Gymnasium. Seine Lieblingsfächer, und die vertrat er auch, waren von jeher Englisch und Latein gewesen. Wenn er eine Rede Ciceros las, dann meinte man, im römischen Senat zu stehen. Seine Übersetzungen der Verse von Catull waren Legende an seiner Schule. Und um seine klare und aristokratische Aussprache hätte ihn sicher so mancher Engländer beneidet. Bei den Schülern war er als anspruchsvoll und gerecht bekannt und durchaus beliebt, die Kollegen schätzten den verlässlichen und engagierten Pädagogen auch. Kurzum: Herr M. war ein Lehrer aus dem Bilderbuch, wie man sich ihn nur wünschen konnte. Und der Oberstudienrat hatte große Probleme. Seit einigen Wochen schon hatte der Arzt ihm Arbeitsunfähigkeit bescheinigt. Er schlief nur noch sehr schlecht und allenfalls drei Stunden an einem Stück, dann setzte schon das Grübeln ein und verscheuchte jeden Gedanken an erholsamen Schlaf. Die Konzentration reichte gerade aus, um am Vormittag die Tageszeitung zu lesen. Früher hatte Herr M. viel Sport getrieben, nun war dafür überhaupt keine Kraft mehr vorhanden. An Arbeit war in keiner Weise mehr zu denken, schon der Gedanke an den Lärm bei all den Schülern schnürte die Brust zu und die Atmung ging schnell. Auch Schwindelattacken traten manchmal auf. Herr M. kannte sich selbst nicht mehr, und zu dem Gefühl der Leere gesellte sich dann in manchen Nächten auf der Suche nach den alten Werten die Verzweiflung.

In den ersten Gesprächen stellte sich heraus, dass Veränderungen sich zunächst sehr leise und unaufdringlich in das Leben des Oberstudienrates geschlichen hatten. Zunächst waren die Stellen der in Pension entlassenen Kollegen nicht wieder besetzt worden. Das Ministerium hatte Stellen gekürzt. Für Herrn M. bedeutete das zwei Wochenstunden mehr. Da in beiden Fächern viele Klassenarbeiten und Klausuren zu schreiben und zu korrigieren waren, addierte sich das auf. Herr M. bereitete daneben im Gegensatz zu vielen seiner Kollegen jede Stunde stets gewissenhaft vor. Honoriert wurde diese Zusatzarbeit nicht. Die Schüler wurden in irgendeiner Weise immer weniger belastbar und das Niveau senkte sich deutlich ab. Die Klassenstärke nahm dagegen zu, so dass man sich um einzelne, besonders gute oder schlechte Schüler nicht mehr kümmern konnte. Das Fach Latein, mit dem Herr M. so viel Kultur verband, wurde in den Kursen immer weniger gefragt, und Schüler konnten ja jetzt wählen, welche Fächer sie in der Oberstufe lernen und belegen wollten. Immer häufiger stießen die Ansprüche des Lehrers auch auf Widerstand, unausgeschlafen und unkonzentriert stellten sich oft die Schüler dar. Über schlechte Noten ließ sich das auch nicht weiter korrigieren, dafür interessierte sich kaum jemand. So fühlte sich Herr M. nicht mehr sehr gefragt bei seiner Tätigkeit. Als dann noch ein neuer Schulleiter in kaltschnäuzig arroganter Manier die Führung des Kollegiums übernahm und ihm riet, doch in Pension zu gehen, wenn er den Anforderungen nicht mehr gewachsen sei, brach für den engagierten Pädagogen eine Welt zusammen.

Nachdem diese Zusammenhänge mit Herrn M. erarbeitet worden waren, haben wir nach der Einleitung einer Wohlfühltrance die folgende Aufgabe angeboten:

Viele Dinge in einem Leben ändern sich, denn es lebt sich schnell in unseren Tagen. »Sui quisque faber fortunae« (Jeder ist seines eigenen Glückes Schmied) gilt wie vor zweitausend Jahren heute in der gleichen Weise. Manche Werte halten eben lang, auch wenn die Umgebung wechselt. Werte offenbaren sich nicht immer gleich und nicht immer jedem. Nach den Jahren weiß man aber, was wirklich von Bestand und Wert, auch über längere Zeiten ist. Schüler bestimmen selbst, ob sie sich daran orientieren möchten oder ob es am Ende in ihrem Leben eher heißt: »o si tacuisses philosophus mansisse« (Hättest du doch geschwiegen, dann wärest du ein Weiser geblieben). Ursache und Wirkung kann man dabei nicht verwechseln. Denn eines ist doch klar und deutlich: Wenn jemand nicht lesen kann, trägt kaum das Buch die

Schuld daran. Sie können gerne einmal schauen, welche Werte in Ihrem langen Lehrerleben gewechselt haben und welche von Bestand geblieben sind, auch wenn viele nach Brot und Spielen rufen mögen. Dann wird schnell erkennbar sein, wo Ursache und Wirkung hier zu finden sind.

Diese Aufgabe greift zunächst einmal die lateinische Sprache auf, um ihrem hohen Stellenwert bei dem Pädagogen gerecht zu werden. Der gewählte Sinnspruch appelliert zusätzlich daran, das Leben wieder selbst in die Hand zu nehmen, weil man sein Glück ja selbst gestalten kann. Da dieser Ausspruch die Jahrtausende überdauert hat und der kulturelle Wert des Lateinischen ausdrücklich mehrfach bestätigt wird, kommt dem eine ganz besondere Bedeutung zu. Es werden so noch viele Tage nach der Hypnosesitzung Suchprozesse ausgelöst, die helfen können, das Leben in Richtung auf das »Glück« neu zu gestalten.

Dann wird deutlich gemacht, dass es in der Verantwortung der Schüler liegt, wenn der engagiert und kompetent angebotene Lehrstoff nicht ausgewertet oder aufgenommen wird. Auch hier verleiht der lateinische Sinnspruch dieser Aussage wieder eine ganz besondere Bedeutung. Im Anschluss wird der Pädagoge nun gezielt und umfangreich aufgefordert, sein Lehrerleben nach Werten zu durchsuchen, die auch weiterhin Bestand haben. Dadurch wird in umfangreicher Weise der Selbstwert bestätigt, die Lebensleistung gewürdigt und die Bedeutung des eigenen Tuns bestätigt. Zum Schluss werden Suchprozesse ausgelöst, die dabei helfen zu erkennen, dass die eigene Lehrarbeit nicht Ursache für alle Veränderungen im Schulsystem ist, sondern vielmehr auch die Auswirkungen manch fragwürdiger ministerieller Entscheidung zu spüren bekommt. Diese Aufgabe hat also auf sehr vielen Ebenen das innere Erleben aktiviert. Rückblickend war es für Herrn M. von großer Bedeutung, aus der Verantwortung entlassen zu werden, aus der für die Entwicklung des Schulsystems und aus der für das Lernverhalten der Schüler. Durch diese Erkenntnisse, die durch den Einsatz von Hypnose auch auf der Gefühlsebene erfahren werden konnten, trat eine erhebliche Entlastung ein. Das Wertesystem des Patienten wurde dagegen ausgesprochen intensiv bestätigt.

Wir haben in der Folge erarbeitet, wie man die alten Werte unter neuen Bedingungen mit verminderten Ansprüchen miteinander in Verbindung bringen könnte.

Und schließlich lernte Herr M. zahlreiche Kommunikationstricks, die es ihm ermöglichten, mit den Schülern müheloser, geschickter und steuernder im Unterricht umzugehen.

Der Pädagoge beendete die Therapie nach fünf Wochen gemeinsamer Arbeit und war neugierig und motiviert, das alles im Schulalltag umzusetzen. Denn schließlich war er Lehrer aus Leidenschaft und Überzeugung.

4. Psyche und Immunsystem

Der Körper des Menschen ist Tag für Tag vielen Gefahren ausgesetzt, das gilt im Großen wie im Kleinen. Deshalb unterhält er auch einen eigenen Abwehrapparat: das **Immunsystem**.

Dessen Aufgabe besteht darin, die Gesundheit des Körpers aufrechtzuerhalten, eingetretenen Schaden zu begrenzen oder eine Genesung zu unterstützen.

Man macht sich nur selten ein Bild davon, wie umfangreich dieses Gebiet sich darstellt und wie vielfältig die Aufgaben sind, die daraus erwachsen.

Schon die Haut ist ohne Unterlass erheblichen Einflüssen ausgesetzt, die Schaden verursachen können. So bereitet die ultraviolette Sonnenstrahlung in der Natur der Haut große Probleme, besonders seit sich die filternde Ozonschicht in der Atmosphäre dramatisch verdünnt hat.

Trifft diese Strahlung auf eine ungeschützte Haut, kommt es an der Oberfläche zu Verbrennungen. In den tieferen Hautschichten werden Zellen geschädigt. Werden diese veränderten Zellen nicht vom Immunsystem erkannt und zerstört, kann es bei häufigen Bestrahlungen zu Hautkrebs kommen. Greift bei einem Sonnenbrand das körpereigene Abwehrsystem nicht ein, ist eine schwere Entzündung die Folge. Auf der Haut befinden sich viele Millionen Keime, manche davon machen krank, andere sind harmlos. Auf einer gesunden Haut befindet sich alles im Gleichgewicht. Wird dieses Gleichgewicht gestört durch Nässe oder durch Hitze, durch zu häufiges Waschen mit Seife, durch Chemikalien oder durch mechanische Belastungen, verändert sich die Oberfläche und das ausgeglichene Verhältnis der Keime wird gestört. Ohne das Immunsystem wäre eine Erkrankung nicht zu vermeiden.

Die Augen sind trotz des teilweisen Schutzes durch die Lider nur sehr unzureichend gegen Krankheitserreger abgeschirmt. Gäbe es keine Körperzellen, die sich um diese Aufgabe kümmern würden, würden sich die Keime in der benetzenden Tränenflüssigkeit und auf dem Augapfel ungehemmt vermehren.

Die Nase ist eine Körperöffnung, die als Eintrittspforte für eine Unzahl von Krankheitskeimen gilt. Wer kennt nicht den Schnupfen, der durch Viren verursacht wird. Schafft es das Immunsystem, die Keime dort zu begrenzen und an der Ausbreitung zu hindern, klingt der Schnupfen nach ein paar Tagen wieder ab. Gelingt diese Maßnahme aber nicht oder gesellen sich zu den Viren wegen der vorgeschädigten Nasenschleimhaut noch Bakterien hinzu, breitet sich die Entzündung bis in die Rachenmandeln oder die Nasennebenhöhlen aus.

Vermehren sich dort die Keime schneller, als die Gesundheitspolizei sie abwehren und vernichten kann, kommt es zu Husten oder einer Lungenentzündung. Dann können Medikamente zur Unterstützung der Abwehr erforderlich werden, um der Krankheit Herr zu werden. Mitunter gelingt bei sehr geschwächten Menschen auch diese Maßnahme nicht und der Tod kann dann die Folge sein.

Überall dort, wo der Körper nach außen geöffnet und nicht durch die verschließende Haut geschützt ist, sind Eintrittspforten für Krankheitskeime zu finden: im Mundbereich, im Darm, in der Scheide, in der Harnröhre. Unablässig treten dort auch solche Keime ein. Das Immunsystem leistet an diesen kritischen Bereichen lebenslange Schwerstarbeit und bleibt dabei doch meistens gänzlich unbemerkt.

Auch innerhalb des Körpers lauern zahlreiche Gefahren, die es zu entdecken und zu entschärfen gilt. Er bildet ohne Pause neue Zellen. Es dauert keine drei Wochen, bis alle Körperzellen vollständig erneuert sind. Man kann sich das kaum vorstellen, aber manche Zellen erneuern sich tatsächlich alle drei Tage und im Durchschnitt lebt eine Körperzelle nur vierzehn bis zwanzig Tage. Bei einer so gewaltigen Produktion ist es nicht verwunderlich, dass es auch zu Fehlbildungen kommen kann. Die meisten davon sind allerdings harmlos. Solche Zellen sterben von allein sehr schnell ab und werden abtransportiert und abgebaut. Andere aber sind sehr gefährlich: die Krebszellen. Jeder Körper bildet jeden Tag eine Vielzahl von Krebszellen. Werden diese Zellen nicht rechtzeitig erkannt oder nicht vollständig vernichtet, dann geben sie ihre Zellinformationen weiter an die nächste Zelle. Die Produktion wird immer weiter gesteigert und schließlich entsteht tatsächlich eine Krebsgeschwulst.

Seit einigen Jahren wird das Immunsystem zusätzlich durch zahlreiche Gifte und Schadstoffe belastet, die sich in immer größerem Ausmaß in der Luft, im Wasser und in der Nahrungskette angesammelt haben. Lebensmittel werden gentechnisch verändert, und niemand weiß wirklich genau, wie sich das langfristig auswirken wird. Moderne Kommunikationstechnologien erzeugen hohe Magnetfeldveränderungen, über deren Einfluss auch nur wenig bekannt ist.

Das Immunsystem muss also in der Lage sein, gesunde von »ungesunden« Körperanteilen zu unterscheiden. Es soll krank machende und harmlose Keime voneinander trennen. Die gefährlichen Eindringlinge müssen bekämpft und vernichtet werden, damit Krankheiten nicht ausbrechen oder sich nicht ausweiten können. Die Zellproduktion wird vom Immunsystem streng überwacht, Krebszellen werden »aussortiert« und zerstört.

Diese Aufgaben lesen sich schon recht komplex. Und das Gebiet der Immunologie, der Lehre von der Körperabwehr, zählt zu den kompliziertesten Teilgebieten in der Medizin. An dieser Aufgabe des Körperschutzes sind Organe, Blutzellen, Hormone, Botenstoffe, Drüsen, Nerven und sicher noch viele andere Faktoren beteiligt, die wir noch nicht einmal kennen.

In seltenen Fällen schadet dieses hoch spezialisierte Abwehrsystem dem Körper allerdings. Dies trifft dann zu, wenn eine Sensibilisierung eintritt und bereits kleinste Mengen eines Stoffes ausreichen, um heftigste Körperreaktionen hervorzurufen.

Sehr unerwünscht sind die Auswirkungen des Immunsystems auch nach Organverpflanzungen: Leber, Nieren oder Hautanteile von einem Spender erkennt der Körper nicht als Eigengewebe an, und reagiert deshalb mit einer Abstoßungsreaktion. Das Immunsystem wird dann mit hoch wirksamen Medikamenten nahezu ausgeschaltet. Damit wird die Organabstoßung zwar verhindert, aber der Körper ist in hohem Maße anfällig für das Auftreten von gefährlichen Infektionen.

Jeder Mensch erlebt in seinem Alltag die Verbindungen von Körper und Seele.

Am einfachsten ist es vielleicht, sich an eine Prüfung zu erinnern, egal ob es dabei um die Fahrerlaubnis ging oder ob ein wichtiges Examen anstand. Schon lange vor dem bekannten Termin war der Schlaf unruhiger als gewohnt. Am Tage schlug das Herz ein bisschen schneller, die Hände waren mitunter nass von Schweiß. Jeder direkte Gedanke an das bevorstehende Ereignis löste zusätzlich einen wahren Sturm an Körperreaktionen aus: Magenkrämpfe, Herzrasen, Schweißausbrüche, Atemnot oder Hitzewellen. Natürlich muss das nicht immer dergestalt eindrucksvoll verlaufen, aber in einer abgestuften Form kennt solche Reaktionen wohl fast jeder.

Angenehme und freudige Ereignisse spürt man im Körper oft ganz ähnlich. Dabei scheint es auch hier ohne große Bedeutung zu sein, ob diese Ereignisse nur in der Vorstellung existieren oder ob sie dann tatsächlich eintreten. Der Körper reagiert in jeder Weise darauf.

Vielleicht erinnern Sie sich an das erste Treffen mit einem geliebten Menschen oder an die Geburt Ihres ersten Kindes?

Auch die Erinnerung kann die Reaktionen des Körpers in Gang setzen.

Therapeutisch macht man sich das Wissen um diese Zusammenhänge oft zu Nutze. So gibt es Entspannungsverfahren wie Meditation oder das autogene Training, in denen die Vorstellung von Ruhe oder Geborgenheit, von Wärme oder Schwere die Körperorgane wohltuend beeinflusst. Tiefe Entspannung und Erholung werden so ermöglicht. Die Auswirkungen von Hypnotherapie auch auf das Immunsystem sind Ihnen ja bereits zum Teil bekannt.

Die Körperorgane reagieren auf Gedanken und Gefühle, auf die Sprache der Seele. Die Ausdrucksmöglichkeiten ähneln sich dabei, der Hintergrund spielt aber zusätzlich eine wichtige Rolle.

Herzklopfen vor freudiger Erregung wirkt sich insgesamt deshalb auch spürbar anders aus, als Herzrasen aus Gründen der Angst in einer bedrohlichen oder aber nur scheinbar bedrohlichen Situation.

Und so, wie man angenehme Vorstellungen für therapeutische Ziele oder einfach zum Wohlfühlen nutzen kann, wirken sich Stress und Angst in der anderen Richtung aus.

Ein Mensch, der beständig unter Ängsten und Bedrohung leidet, wird seinem Körper diese Botschaft über viele Jahre senden.

Bestimmen Einsamkeit und Depression den Alltag, werden die Zellen das in gleicher Weise so erleben wie die Seele.

Hat man sein Leben der Fürsorge anderer gewidmet, mag das die Familie, mögen das kranke Menschen sein, und bekommt man nach all den Jahren nur eine Spur an Dankbarkeit im Gegenzug zurück, wird die Enttäuschung tief und fest in der eigenen Mitte sitzen. In einem solchen Leben kann ein Körper wenig fröhlich sein.

Leistet man im Beruf tagein, tagaus weit über das erforderliche Maß hinaus vorbildliche Arbeit, ohne dass der Chef es je bemerkt, während andere derweil befördert werden, dann frisst sich Wut durch alle Eingeweide.

Verbringt man seine Tage zwar mit allem Einsatz und mit aller Kraft Jahr für Jahr, aber auch mit ständiger Furcht im Nacken, den Aufgaben eigentlich nicht gewachsen zu sein, und hofft, dass niemand dies bemerken möchte, wird auch der Körper dieses Spannungsfeld an jedem Tag spüren.

Spannungsfelder treten immer auf, wenn Menschen anders leben, als sie eigentlich und wirklich leben möchten.
Spannungsfelder setzen den Körper mächtig unter Druck.

Seit einigen Jahren hat sich ein Forschungszweig entwickelt, der sich mit den Zusammenhängen zwischen Körper, Seele und dem Immunsystem beschäftigt: die Psychoneuroimmunologie.

»Psycho« steht für Seele, »Neuro« bezeichnet den Anteil der Nerven und Immunologie ist ja schon bekannt.

Fast nebenbei liest man mit diesem Begriff »Psychoneuroimmunologie«, dass drei Teile der menschlichen Psychologie und Medizin miteinander verbunden worden sind. Zwar sind die Zusammenhänge von Körper und Seele seit Menschengedenken immer wieder Gegenstand sehr kontroverser Diskussionen gewesen, aber eine wissenschaftlich definierte Verbindung findet damit zum ersten Mal in der Menschheitsgeschichte statt.

Die Grundfragen der Psychoneuroimmunologie lauten in unserem Zusammenhang:

@Wie wirkt sich das Befinden der Seele auf den Körper aus?

@Welche Rolle spielen dabei Nerven, Hormone und Botenstoffe?

@Wie beeinflusst die Seele das körpereigene Abwehrsystem?

Neue Wissenschaftszweige werfen zu Beginn immer sehr viel mehr Fragen auf, als dass auf sie Antworten gefunden werden könnten. Und trotz rasanter Entwicklung und einem enormen Zuwachs an Wissen steht die Psychoneuroimmunologie erst ganz am Anfang eines sicher einflussreichen Weges. Es gibt aber bereits eine Vielzahl von Ergebnissen aus den Forschungszentren, die wichtige und hilfreiche Hinweise für ganzheitliche Betrachtungen in den Beziehungen von Körper und Seele liefern.

Das Immunsystem setzt sich aus verschiedenen Organen und Zellen zusammen, die miteinander in Verbindung stehen.

In der ersten Verteidigungslinie der Gesundheitspolizei finden sich Zellen aus dem Blut. Man nennt sie Makrophagen (Fresszellen) oder Granulocyten (Zellen mit kleinen Speicherbläschen). Treten irgendwo in den Körper Krankheitserreger ein oder werden entartete Zellen entdeckt, werden diese Blutzellen sofort aktiviert. Die Granulocyten setzen dann Stoffe aus ihren Speichern frei, welche die Eindringlinge »chemisch« verändern. Dann sind die Makrophagen in der Lage, diese beschädigten Organismen zu »fressen«.

Diese Teile des Immunsystems gelangen ohne Probleme in jede Körperzelle, weil ja eine jede von ihnen durch kleinste Blutgefäße mit Nährstoffen versorgt werden muss. Die Blutkörperchen sind also gleichsam immer »vor Ort« verfügbar.

Gelingt es diesen Zellen nicht, die Gefahr zu beseitigen, werden andere Blutzellen auf den Plan gerufen: die Lymphocyten (Zellen aus dem Lymphsystem). Diese Zellen sind in der Lage, Antikörper zu bilden, die genau für die Eindringlinge »passen« und sich dort anheften. Solche Zellen nennt man »Helferzellen«. Dadurch können die Krankheitserreger oder Tumorzellen wieder von den anderen Fresszellen eliminiert werden. Die Lymphocyten verfügen auch über ein »Zellgedächtnis«. Wenn also ähnliche Erreger wieder einmal in den Körper eindringen sollten, sind die Lymphocyten in der Lage, diese sofort zu erkennen und unverzüglich genau die richtigen Antikörper zu bilden. Auf diesem Wiedererkennungsprinzip beruhen alle Impfungen.

Aus der Lymphocytenreihe ist dann noch eine weitere Zellart von Bedeutung: die »Killerzellen«. Diese sind in der Lage, fremde Mikroorganismen direkt »anzugreifen« und zu zerstören. Die Aktivität solcher Zellen lässt sich im Labor messen, und sie gilt als Maß für die Aktivität des Immunsystems.

Neben diesen Fähigkeiten sind die Abwehrzellen aus dem Blut in der Lage, bestimmte Substanzen freizusetzen, die man Zytokine nennt. Diese Stoffe sind in der Lage, sehr genau die Aktivität der Immunzellen zu steuern und sie in der richtigen Anzahl an den richtigen Ort zu »dirigieren«.

Wichtige Organe für das Immunsystem sind die Thymusdrüse, die Milz, die Lymphknoten und die Tonsillen.

Die Thymusdrüse ist nur sehr klein. Sie liegt hinter dem Brustbein und ist dafür zuständig, dass die Lymphocyten »ausgebildet« werden, um ihrer Aufgabe gerecht zu werden.

Die Milz findet sich links hinten im Oberbauch. Sie ist ein Organ, das sehr gut durchblutet ist. Sie sorgt deshalb dafür, dass Fremdkörper und andere Eindringlinge auch mit den für ihre Abwehr zuständigen Blutzellen in Kontakt kommen. Außerdem filtert die Milz Zellbruchstücke und alte Blutzellen heraus.

Die Tonsillen werden auch Rachenmandeln genannt. Sie sind sehr zerklüftet und haben deshalb eine große Oberfläche. Über die Mundhöhle treten besonders viele Krankheitskeime in den Rachen ein. Die Tonsillen sind eine wichtige erste Hemmschwelle für Krankheitskeime und enthalten viele Abwehrzellen.

Jede Zelle des Körpers ist über kleinste Blutgefäße an das Kreislaufsystem angebunden und wird darüber mit zahlreichen lebensnotwendigen Stoffen versorgt. Parallel zu diesem Gefäßnetz gibt es noch einen weiteren Kreislauf, der auch jede Zelle erreicht: das Lymphsystem. In diesen kleinen Gefäßen wird aber kein Blut befördert, sondern eine klare Flüssigkeit, die Lymphe. Sie ist sehr reich an Abwehrzellen. Im ganzen Körper verteilt sind in das Lymphsystem Filterstationen eingebaut, um zusätzlich die Gefahr einer Ausbreitung krank machender Keime zu verhindern: die Lymphknoten.

Die Zellen des Immunsystems sind also überall im Körper zu finden, im Blut, im Lymphsystem und auch zwischen manchen Zellschichten, so dass ein schnelles Eingreifen immer möglich ist. Über das Gefäßsystem und über Nervenbahnen sind Zellen und Immunorgane ständig miteinander verbunden. Denn die Nervenbahnen durchziehen den Körper bis zu jeder Zelle als drittes Netz neben der Lymphe und den Blutgefäßen.

So kann das Immunsystem auf **drei** Wegen beeinflusst werden: auf dem Blutweg mit Zellen, Hormonen und Botenstoffen wie den Cytokinen, auf dem Lymphweg mit den darin enthaltenen Bestandteilen und auf dem Weg über Nerven und deren Botenstoffen (Überträgersubstanzen).

Alle Denkprozesse sowie alle Gefühle und Empfindungen lösen im Nervensystem bestimmte Reaktionen aus. Es werden Nervenübertragungsstoffe freigesetzt. Ein sehr bekannter Botenstoff aus dem Nervensystem ist das Adrenalin. Es wird auch als Hormon gebildet und ist im gesamten Körper sehr wirksam. Adrenalin ist aktiv bei den Nervenbahnen zur Weiterleitung der Impulse, aber es wirkt auch sonst an den Organen. Es lässt das Herz schneller schlagen, hebt den Blutdruck an oder verengt die Gefäße. Und der Stoff wirkt auch auf das Immunsystem. Dort werden bei nur kurzfristiger Einwirkung des Adrenalin die Aktivitäten der Killerzellen gesteigert. Das Immunsystem wird also gestärkt. Und das ist eine positive Wirkung. Bei Stress wird Adrenalin in hoher Dosis im Körper freigesetzt. Bei Dauerstress allerdings entleeren sich die Depots zunehmend und die Wirkung auf das Immunsystem ist eher abschwächend.

Stress löst auch eine vermehrte Ausschüttung von Cortisol ins Blut aus. Das ist ein körpereigenes Hormon, welches den Stoffwechsel steigert und den Körper zu Höchstleistungen befähigt. Für den Notfall ist das auch sinnvoll. Aber es wirkt sich negativ auf die Immunabwehr aus. Cortisol schwächt die Abwehr. Dieses Hormon findet man auch im Blut von Menschen, die unter schweren Depressionen leiden. Und man weiß schon lange, dass solche Menschen anfälliger sind für Krankheiten. Neben Stress können also auch Depressionen über die Verbindungen von Psyche, Nerven und Immunsystem die Abwehr schwächen.

Bei diesen Zusammenhängen stellen sich noch viele Fragen. Aus zahlreichen Forschungen der letzten Jahrzehnte lassen sich aber sehr viele Zusammenhänge von Körper und Seele erkennen, auch wenn die Immunforschung diesbezüglich noch in den Kinderschuhen steckt. **Wenn die Seele leidet, schädigt das auf Dauer über das Immunsystem auch den Körper.**

An erster Stelle der Krankheit begünstigenden psychischen Veränderungen steht die Einsamkeit. Die Empfindung von Einsamkeit setzt offenbar beständig Stoffe frei, die sich unterdrückend auf das Abwehrsystem auswirken können. Das Gefühl, dem Leben ständig nur ausgeliefert zu sein, stets in der Erwartung neuer Probleme und Gefahren, macht in der gleichen Art und Weise anfällig für die Entstehung von Krankheiten. Wer sein Leben über lange Zeit nur ohne Sinn und Inhalt führt und keine innere Beteiligung zu seinem Tun herstellen kann, begünstigt die Schwächung des Immunsystems. Die eigenen Wünsche, Sehnsüchte und Bedürfnisse auf Dauer zu verleugnen, bereitet wenig Lebensfreude. Lebensfreude ist ein wichtiger Ausgleich zu den Teilen des Alltags, die man mit Widerwillen oder gegen die eigene Überzeugung verbringen muss. Nicht jeder kann ja immer nur so leben, wie er das gerne möchte. Auf die Dauer ist es aber nicht gesund, darauf zu verzichten.

Stärkend für das Abwehrsystem des Körpers wirkt sich nachweislich eine gesunde Selbstregulation aus. Inhaltlich bedeutet das, sein Leben in die Hand zu nehmen, täglich neu zu überprüfen, was man zum eigenen Wohlbefinden beitragen kann, und diese Entscheidungen auch in die Praxis umzusetzen. Nicht immer kann man alles ändern, das ist jedem klar.

Aber eine positive und bejahende Lebenseinstellung beeinflusst das Handeln immer in gesunderhaltender Weise.

Das Streben nach Wohlbefinden im Alltag zeigt den richtigen Weg zur Gesundheit, das Wissen um die eigenen Fähigkeiten steigert die Leistung des Immunsystems in eindrucksvoller Art und das Bewusstsein, den meisten Problemen irgendwie gewachsen zu sein, macht eine müde Abwehr munter. Das alles sind Folgerungen, die man aus umfangreichen Untersuchungen an vielen tausend Patienten in den letzten Jahren sicher bestätigen kann. Jeder Gedanke und jedes Gefühl löst im Körper eine Reaktion aus, die über Nervenstränge und über Botenstoffe im Blut in jede Zelle gelangen können. Zellen, die über lange Zeit immer die gleichen Informationen erhalten, geben diese an neue Generationen weiter. Der Inhalt dieser Informationen wirkt sich direkt aus. Manche davon machen auf Dauer krank, andere halten gesund.

Die Zusammenhänge von Körper und Seele sind immer Gegenstand lebhafter Diskussionen gewesen. Der heutige Stand des Wissens macht aber sehr deutlich, dass Krankheit und Gesundheit in einem hohen Maße vom seelischen Erleben eines Menschen beeinflusst werden können. Jeder Mensch kann deshalb vorbeugend oder therapeutisch die Möglichkeiten und Angebote von Hypnose und Selbsthypnose für sich in Anspruch nehmen. Natürlich sind Krankheit und Gesundheit Zustände, die von zahlreichen Faktoren im Leben bestimmt werden können. Das Alter spielt da eine Rolle, der körperliche Kräftezustand, die Ernährung, der Lebensraum, die Lebensweise, Risikofaktoren und Erbfaktoren; außerdem Viren, Bakterien, Schadstoffe und viele andere Einflüsse mehr. Eines ist aber auch sicher: Ob ein Organismus am Ende erkrankt oder ob er gesund bleibt, das liegt wesentlich am Zustand des Immunsystems. Krankheit entsteht erst dort, wo die körpereigene Abwehr zusammenbricht.

Und auf dieses Immunsystem hat die Seele einen sehr starken Einfluss, im einen wie im anderen Sinn.

Das Leben bietet verschiedene Phasen, in denen sich verschiedene Zustände abwechseln. Wohlbefinden, Unlust, Arbeit, Entspannung, Routine, Glück, Depression, Inhalt, Leere, Trauer, Fröhlichkeit, Sicherheit oder Angst. Nicht immer ist der Mensch nur glücklich und froh.

Wer aber dauerhaft seelische Spannungsfelder ungelöst lässt und eigene Wünsche, Sehnsüchte und Bedürfnisse aus den Augen verliert, wer sich ständig nur als Opfer sieht, wer dauerhaft in seinem Leben Sinn und Inhalt nicht findet, wird den Boden für die Entstehung von Krankheiten ziemlich sicher bereiten.

Hypnotherapie und Selbsthypnose sind sehr hilfreiche Methoden, die das Immunsystem dauerhaft stärken und stabilisieren können. Das ist wissenschaftlich nachgewiesen. Und daran gibt es keine Zweifel.

TEIL II

5. Von Hypnotherapie zur Selbsthypnose

Es gibt sehr viele Gründe, Hypnotherapie für sich in Anspruch zu nehmen. Damit kann man die unbegrenzten neuen Perspektiven für die Gestaltung seines Alltags nutzen. Schwierigkeiten bereitet es dabei natürlich schon, dass man in einem solchen Zusammenhang immer einen Therapeuten benötigt. Therapeuten sind nicht billig, Therapeuten sind nicht überall, Therapeuten haben nur begrenzt Termine und Therapeuten versagen auch ihre Hilfe, wenn nur allgemeine, tägliche Probleme zu lösen sind. Dabei sind dieses doch gerade die Dinge, denen man besonders häufig in seinem Leben begegnet.

Sie wissen inzwischen, dass jede Hypnose überhaupt erst wirksam werden kann, wenn Sie den entsprechenden Einladungen des Therapeuten zustimmen, sie übernehmen und also zur Gestaltung einer Wohlfühltrance umsetzen. Im Klartext bedeutet das: Jede Hypnose ist im Kern eine Selbsthypnose.

Sie wissen auch inzwischen, dass es unzählige Momente im Alltag gibt, in denen man über eine kurze oder längere Zeit Wohlfühltrancen spontan genießt. Erinnern Sie sich? Ein Buch fesselte die Aufmerksamkeit intensiv und ausnahmslos, ein spannender oder anrührender Film stand völlig im Mittelpunkt Ihrer Wahrnehmung, eintönige Geräusche in der U-Bahn ließen Bilder von einem warmen Bad zur inneren Wirklichkeit werden oder Sie lauschten verzückt einer die Sinne verzaubernden Melodie. Immer waren es sehr angenehme, wohltuende und entspannende Momente, die Kraft und Erholung spürbar werden ließen.

Den heilsamen und therapeutischen Nutzen von Hypnose haben Sie an zahlreichen Beispielen kennen lernen können.

Selbsthypnose öffnet ohne fremde Hilfe das Tor zu Ihren unbegrenzten Ressourcen in der eigenen Mitte.

Selbsthypnose vermittelt Ihnen Zugang zu Ihren unbewussten Fähigkeiten und Kompetenzen.
Selbsthypnose erweitert Ihre Grenzen auf das nahezu Grenzenlose.
Selbsthypnose hilft dabei, persönliche Ziele zu erreichen.
Selbsthypnose findet Lösungen auch bei scheinbar aussichtslosen Problemen.
Selbsthypnose lindert Ihre Schmerzen.
Selbsthypnose steigert Ihre Fähigkeiten.
Selbsthypnose kann Ihr Leben eindrucksvoll und positiv verändern.

Vielleicht möchten Sie diesen Text nun noch einmal lesen, Buchstabe für Buchstabe, Zeile für Zeile, Absatz für Absatz. Danach sollten Sie für ein paar Momente Ihre Augen schließen und alle Informationen noch einmal durch Ihre Gedanken ziehen lassen. Und schließlich gilt es, zwei Entscheidungen zu treffen. Zum einen können Sie dann entscheiden, ob Sie wirklich auf die Anwendung von Selbsthypnose in Ihrem Leben zukünftig weiter verzichten möchten. Und zum anderen können Sie wählen, aussuchen und entscheiden, für welche persönlichen Ziele Ihnen Selbsthypnose andernfalls künftig in Ihrem Alltag zur Verfügung stehen soll. Und Entscheidungen haben ja Konsequenzen, aber das wissen Sie ja schon.

Sie haben sich entschlossen und werden deshalb vielleicht besonders aufmerksam und offen die nächsten Kapitel lesen wollen.

Für den erfolgreichen Einsatz von Selbsthypnose gelten die gleichen Gesetze wie für Hypnotherapie. Und so muss es zunächst einmal gute Gründe geben, warum Sie diese Methode künftig für Ihre Zwecke einsetzen möchten. Diese Entscheidung haben Sie bereits getroffen und für den Erfolg spielt es keine Rolle, ob es um die Steigerung Ihres persönlichen Wohlbefindens geht, ob Sie eine bereits begonnene Hypnotherapie nun selbsttätig in eigener Regie fortsetzen möchten, ob Sie Ihre Probleme lieber ganz ohne Therapeuten lösen möchten oder ob Sie mehr den Körper oder mehr die Seele auf diesem Wege in Richtung auf Harmonie und Gleichgewicht verändern möchten. Sie werden Ihre persönlichen Ziele mit Selbsthypnose erreichen können.

Daneben, und das haben Sie bereits erfahren können, braucht man schon eine ganz besondere Kompetenz, um eine derartig wirkungsvolle Methode auch sicher und erfolgreich anwenden zu können. Im ersten Teil dieses Buches haben Sie schon sehr viele Informationen zum Wesen von Hypnose und über die Erlebnismöglichkeiten einer Wohlfühltrance gelernt. Dieses Wissen bildet eine sichere Basis. Die nächsten Bausteine zum Erwerb einer hohen Kompetenz für die Selbsthypnose werden in den nun folgenden Kapiteln vermittelt. Nach ihrer Lektüre werden Sie die Methode theoretisch sicher beherrschen können. Und dann macht die Übung aus Ihnen einen Meister, der die Macht der Selbsthypnose täglich für sich einsetzen kann.

Ein seit jeher bedeutungsvoller Hintergrund für die Durchführung einer Hypnose ist das besondere Umfeld gewesen. Sie werden sich an die Tempel der Antike oder an die Praxis aus moderner Zeit erinnern. An einem solchen Ort muss man sicher und geborgen sein und eine **besondere Kraft soll ihm innewohnen. Deshalb ist es wichtig, sich auch für die Selbsthypnose einen Platz zu suchen, der solche Kriterien erfüllt. Ein sehr gemütlicher Sessel kann diese Funktion erfüllen, wenn er in einem Zimmer steht, das sichere Geborgenheit und Schutz für die Zeit des Übens gewährleistet. Wer es vorzieht, im Liegen seine Selbsthypnose zu genießen, wird auch dafür ein Möbel finden können und es vielleicht zur sichtbaren Besonderheit durch eine farbintensive Decke oder einen Überwurf aufwerten. Dann ist schon zu Beginn jeder Übung ganz klar und deutlich, dass es zu außergewöhnlichen Ressourcen geht.**

Den inneren und sehr speziellen Raum für Ihre Selbsthypnose werden Sie nach der weiteren Lektüre dieses Buches durch eigene Entscheidungen und Vorstellungen selbst entdecken können. Denn es ist wichtig zu wissen, dass man in der Selbsthypnose für jeden Zweck einen inneren Raum zur Verfügung hat, der genau dafür in einer sehr besonderen Weise geeignet ist. Denn wer geht schon gerne in einen Raum voller Probleme, wenn er lediglich innere Ruhe finden möchte?

Sie können deshalb nun in aller Ruhe und Gelassenheit damit beginnen, Schritt für Schritt Ihre Bausteine für eine erfolgreiche und wohltuende Selbsthypnose zu erwerben. Und bitte nehmen Sie sich dazu wirklich genau die Zeit, die Sie dafür brauchen. Denn nur wer ruhigen und sicheren Schrittes geht, kann auch rechts und links vom Wege interessante Hinweise zur eigenen Mitte finden.

Allgemeine Hinweise:

Die wichtigste Grundvoraussetzung für das Üben oder Praktizieren einer Selbsthypnose ist es, zunächst einen ungestörten Raum zu finden. Besonders zu Beginn ist es von großer Bedeutung, dass Störungen weitgehend ausgeschaltet werden. Die meisten Wohnmöglichkeiten erlauben kaum eine Selbsthypnose in absoluter Ruhe. Aber das ist auch gar nicht erforderlich. So angenehm ruhig, wie in der Umgebung nur möglich, soll es sein, das reicht aus. An die meisten Geräusche an einem vertrauten Ort ist man nach einiger Zeit ohnehin gewöhnt und sie irritieren deshalb wenig. Sie werden zu einem späteren Zeitpunkt lernen können, Störgeräusche sogar als Trance verstärkend für sich hilfreich zu integrieren. Allerdings sollte man möglichst all jene Geräusche von vorneherein ausschalten, die einen auffordernden Charakter in sich bergen und Handlungen nach sich ziehen. Das Klingeln an der Haustür wird fast immer zu einem Abbruch der Übungen führen, weil man einen wichtigen Besucher oder Mann oder Kind hinter der Tür erwartet. Auch das Läuten des Telefons löst so einen aktivierenden Impuls aus. Ein fast unwiderstehlicher Reiz ist das Schreien oder Rufen eines Kindes. Immer werden Mutter oder Vater darauf reagieren müssen, weil sehr viel dahinter zu vermuten ist. Wenn solche Laute und Geräusche nicht abzustellen oder zu vermeiden sind, sollte man eine Person beauftragen, die sich während der Zeit, die man für sich in Anspruch nehmen möchte, darum kümmert. Ist auch das nicht umsetzbar, sollte man lieber seine Selbsthypnose auf einen späteren Zeitpunkt verschieben. Wer seinen Übungsplatz in der Natur suchen möchte, sollte auch dort vor Störungen geschützt sein.

Nach einiger Zeit, wenn Sie bereits mehr Erfahrung im Umgang mit der Selbsthypnose haben, merken Sie, dass die Umgebung immer unwichtiger wird. Sie können dann jederzeit an jedem beliebigen Ort und auch in einer lärmenden Umgebung in Ihre Mitte gehen, ohne sich gestört zu fühlen.

Daneben kann von Bedeutung sein, zu welcher Tageszeit Sie Ihre innere Mitte aufsuchen möchten. Manche Menschen brauchen die Dunkelheit, um diese Reise anzutreten, weil dann die Unrast des Tages von ihnen abfällt. Andere genießen es durchaus, mittags für einige Minuten mitten aus dem Stress heraus, als Kontrast, ihre Selbsthypnose durchzuführen.

Probieren Sie es einfach aus und treffen Sie dann Ihre Entscheidung. Und selbstverständlich sollten Sie dabei flexibel sein und sich bei Bedarf auch neu orientieren.

Sie beginnen ja jede Selbsthypnose mit der Absicht, einen ganz besonderen Zustand zu erreichen: **Ihre Wohlfühltrance**. Das ist ein Zustand der inneren Aufmerksamkeit, in dem Sie eine veränderte Wahrnehmung haben und in dem Sie Ihr Bewusstsein, Ihr Unbewusstes und Ihren Körper gleichermaßen in einer Weise beeinflussen können, wie das mit einem wachen Bewusstsein eben nicht möglich ist. Falls Sie bereits in der Lage sind, einen solchen wohltuenden Zustand selbstständig zu erreichen, dann können Sie diese erlernte Möglichkeit natürlich auch für den Einstieg in Ihre Selbsthypnose weiter so einsetzen. Entspannungsmethoden, die das erlauben, sind zum Beispiel das autogene Training oder die progressive Muskelrelaxation nach Jacobson. Dies ist ein Entspannungsverfahren, bei dem zunächst die Muskeln angespannt werden, um im Kontrast dazu besonders intensiv die Entspannung zu genießen. Auch verschiedene Formen der Meditation gewähren einen ähnlichen Zugang. Wenn Sie über eine solche Eintrittskarte zu Ihrer Trance noch nicht verfügen, entscheiden Sie sich einfach für eine von denen, die auf den folgenden Seiten zu finden sind.

Bevor Sie mit Ihrer Selbsthypnose beginnen, sollte auch Klarheit über die Zielrichtung herrschen. In einer Hypnotherapie übernimmt ein Therapeut die Aufgabe, Ihnen ein Ziel für Ihre innere Aufmerksamkeit anzubieten. Bei der Selbsthypnose müssen Sie die Vorgabe selbst bestimmen, damit die Wohlfühltrance nicht zu einem Irrgarten wird. Das ist auch für die Wahl des inneren Zimmers erforderlich, in dem Sie sich den persönlichen Zielen dann in Ruhe und Gelassenheit widmen möchten. Beginnen Sie also erst, wenn Sie Ihren Vorsatz klar gefasst haben. Suchen Sie dann das Möbel Ihrer Wahl auf, über das schon kurz geschrieben wurde.

Die meisten Menschen entscheiden sich für eine liegende Position. Aber es ist nur eine Frage der Bequemlichkeit, ob man nicht doch lieber sitzen möchte. *Auf jeden Fall gilt der Satz: Wie man sich bettet, so trancet man auch.* Und das sollte berücksichtigt werden.

Zu guter Letzt müssen Sie nur entscheiden, ob Sie es vorziehen, die Augen zu schließen, oder ob es Ihnen angenehmer ist, sich mit offenen Augen weiter und tiefer nach innen zu wenden. Auch diese Entscheidung sollte auf praktischer Erfahrung beruhen. Denn allein Ihr Wohlbefinden gibt auch hier die Richtung an.

Trancezugänge

Viele Wege führen zielstrebig und sicher in eine Wohlfühltrance hinein.

Vielleicht möchten Sie zunächst einmal die **Fixationsmethode** ausprobieren?

Dazu betreten Sie zunächst Ihr Refugium, nehmen auf Ihrer Liege oder in Ihrem Sessel Platz und machen es sich dort so bequem, wie es nur irgend möglich ist. Natürlich kann es Ihr Wohlbefinden stärken, wenn Sie sich dabei noch in eine gemütliche Decke einhüllen. Und dann suchen Sie sich einen Punkt im Zimmer, den Sie mit den Augen leicht erreichen können. Besonders wirkungsvoll ist ein solcher Punkt, der schräg vorne über Ihnen an der Decke liegt. Aber es kann auch ein Punkt an der Wand gegenüber sein, den Sie mühelos und ohne den Kopf zu verdrehen mit Ihren Augen betrachten. Wichtig ist dabei nun, dass Sie den Punkt Ihrer Wahl wirklich mit den Augen fixieren. Denn die hypnotische Wirkung geht verloren, sobald Sie Ihren Blick in eine andere Richtung wenden, auch wenn es sich nur um wenige Zentimeter handelt.

Also: Sie betrachten unverwandt den festen Punkt. Es dauert nur eine sehr kurze Zeit, dann werden Sie bemerken können, dass es für die Augen anstrengend ist, so beharrlich auf den einen Punkt zu starren. Und deshalb werden Sie spüren, wie Ihre Augen ein wenig zu brennen beginnen. Und Sie blicken weiter ohne Unterbrechung auf den gewählten Punkt. Die Augen brennen nun ein wenig deutlicher, es strengt ja auch sehr an, immer auf diesen Punkt zu starren. Die Lider schließen sich immer einmal wieder, um die Augen zu benetzen. Und während Sie weiter diesen Punkt betrachten, werden die Lider doch ein wenig schwerer. Und je länger Sie den Punkt betrachten, umso deutlicher spüren Sie, dass die Augen nun sehr deutlich müde werden. Die Lider sinken herab und es kostet Sie große Kraft, die Augen immer wieder zu öffnen. Aber Sie wollen ja weiter den Punkt dort im Zimmer betrachten. Das Bild vor Ihren Augen verschwimmt immer wieder. Und immer schwerer und schwerer werden die Lider. Sehr müde werden die Augen jetzt und schwer wie Blei sind die Lider. Einen Augenblick überlegen Sie, ob Sie weiter den gewählten Punkt betrachten möchten oder ob Sie nicht lieber die Augen nun wirklich schließen möchten. Sie spüren jetzt immer weiter und tiefer diese Müdigkeit und sind froh, dass Sie die Augen nun endlich schließen können, um weiter und tiefer in Ihre Wohlfühltrance zu tauchen.

Von dieser Lage aus können Sie dann das weitere Eintauchen nach Ihrer eigenen Zielrichtung gestalten. Wenn die Tür erst einmal geöffnet ist, kann man sich frei im Zimmer der Trance bewegen. Um zu entscheiden, ob dieser Weg in die eigene Mitte für Sie genau der richtige ist, sollten Sie sich viel Zeit nehmen und es einige Male ausprobieren und üben. Vielleicht ist es dabei auch hilfreich, wenn Ihnen der gerade gelesene Text Satz für Satz durch den Kopf geht. Aber das ist eine Frage Ihres eigenen Geschmacks.

Musik öffnet den Weg in eine Wohlfühltrance bereits sehr häufig spontan.

Wenn Sie gezielt und wissentlich diesen wunderbaren Zugang für sich über die Musik gestalten möchten, treffen Sie bitte die ersten Vorbereitungen in der fast schon gewohnten Weise. Dann sollten Sie noch wählen, ob Sie den Raumklang Ihrer Stereoanlage bevorzugen, oder ob Ihnen Kopfhörer genau jene Abgeschlossenheit und Ruhe vermitteln, die Sie für den Musikgenuss und Ihre Wohlfühltrance am angenehmsten empfinden. Dann schalten Sie einfach die Musikanlage oder ein mobiles Abspielgerät ein und legen sich genüsslich zurück. Jeder hat ja so seinen eigenen Musikgeschmack. Manche Menschen benötigen für eine Wohlfühltrance esoterisch sphärische Klänge von Panflöte, Walgesang oder einer leisen Harfe. Andere wenden sich sehr intensiv nach innen, wenn Geigenklänge einen Walzertraum erleben lassen. Auch Chansons entführen in Erinnerungen, wecken Sehnsüchte oder streicheln Gefühle, die tief in der eigenen Mitte schlummern. Und manch einer braucht es laut, hart und monoton, um sich mit Techno-Klängen in die Welt inneren Erlebens zu geleiten.

Lassen Sie sich bei Ihrer Wahl für Ihre Trancemusik wieder nur von Wohlfühlkriterien leiten, alles andere macht keinen Sinn.

Wer Musik als seine Eintrittskarte wählt, muss aufmerksam den Weg verfolgen. Denn der Übergang vom wachen Bewusstsein in die Trance gestaltet sich meistens unmerklich fließend. Sie lauschen den Klängen der Musik, genießen es, wie Ton für Ton die Seele streichelt, es gehen Ihnen manche Gedanken durch den Kopf, die den Alltag noch betreffen können. Dann tau-

chen Bilder aus der Vergangenheit auf, Erinnerungen, lebendig und klar. Sie gelangen wieder an die Oberfläche, lauschen der Musik konzentriert und voller Offenheit, die Töne durchströmen auf eine wundersame Art jede Zelle Ihres Körpers, Muskeln lösen sich, die Atmung wird ganz ruhig und tief. Es ist so, als trügen Wellen Sie davon, tiefer tauchen Sie in Ihre Wohlfühltrance ein, weiter und tiefer, Musik erklingt nur noch ganz weit im Hintergrund, ist nur noch wunderschönes Beiwerk für Ihr inneres Erleben. Und an diesem Punkt, da wissen Sie, dass Sie die Tür zur Wohlfühltrance durchschritten haben und den inneren Raum betreten.

Diese Methode gestattet mühelos Tranceerleben. Allerdings sollte man seinen Anfangsvorsatz dann nicht aus den Augen verlieren. Denn vor Beginn der Selbsthypnose, Sie werden sich daran erinnern, haben Sie ja ein persönliches Ziel gewählt, dem Sie sich zuwenden wollten. Wenn die Musik im Tranceerleben leiser wird, sollten Sie sich auf den vorgewählten Weg begeben. Wer diesen Punkt verpasst, kann natürlich trotzdem seine Wohlfühltrance genießen und sich dann beim nächsten Mal wieder mehr zielgerichtet orientieren. An manchen Tagen ist eine solche Wohlfühltrance ganz ohne einen weiteren Hintergrund eben auch genau die richtige.

Eine weitere Möglichkeit, sich ohne fremde Hilfe weiter und tiefer nach innen zu wenden, besteht in der **Körperwahrnehmungsmethode**.

Diese Art des inneren Zugangs lenkt Ihre Aufmerksamkeit gezielt und sicher von außen nach innen. Die einzige Voraussetzung ist wieder die bequeme und angenehme Unterlage, auf der Sie Ihren Körper wahrnehmen können.

Am besten beginnen Sie mit dem linken Arm. Und Sie können sich bereits zu diesem Zeitpunkt überlegen, wann Sie Ihre Augen schließen möchten und bei/mit welchem Körperteil Sie Ihre Wohlfühltrance besonders tief und eindrucksvoll erleben möchten. Während also ein Teil von Ihnen diese Entscheidungen trifft, wenden Sie sich mit Ihrer Aufmerksamkeit dem linken Arm zu. Der liegt ja spürbar auf seiner Unterlage. Spüren Sie einmal hinein, welche Teile des Armes von den Fingerspitzen über das Handgelenk, den Unterarm, den Ellenbogen und den Oberarm bis in das Schultergelenk hinein Sie besonders wahrnehmen können. Das ist sehr unterschiedlich, mitunter spürt man mehr, mitunter weniger. So manches Mal ist die Temperatur des Armes besonders wahrzunehmen. Dann wieder das Gewicht, ob der Arm lang ist oder kurz, ob er beweglich ist oder eher nicht. So können Sie spürbar Schritt für Schritt entdecken, was Ihnen an Ihrem Arm so wichtig ist.

Sollten Sie bereits beim linken Arm bemerken, dass sich die Tür zu Ihrer Wohlfühltrance öffnet, dann gehen Sie bitte einfach hindurch. Ansonsten entdecken Sie spürbar weiter die anderen Teile Ihres Körpers, bis zum Erreichen der inneren Aufmerksamkeit.

Wenn der linke Arm auf diese Art vollständig von Ihnen erspürt worden ist, wenden Sie sich bitte mit Ihrer Aufmerksamkeit dem rechten Bein zu. Das beginnt an den Zehenspitzen, geht über den Fußrücken und die Sohle, über die Fußgelenke zum Unterschenkel, dann kommt das Kniegelenk, der Oberschenkel, und endet schließlich im Hüftgelenk und den Muskeln der rechten Gesäßhälfte. Spüren Sie auch dort wieder weiter und tiefer hinein, wo das Bein sicher auf der Unterlage liegt, wo es sich vielleicht abhebt, ob es überall gleich schwer oder leicht ist, oder ob sich das Gewicht hier und dort oder von unten nach oben ändert. Mit der Temperatur verfahren Sie dann ebenso. Ist Ihr Bein eher kurz oder eher lang zu spüren? Ist es eher ein ganzes Teil oder erleben Sie mehr einzelne Aspekte davon? Erst wenn das Bein vollständig von Ihnen erfahren worden ist, wenden Sie sich in die Wohlfühltrance oder kümmern Sie sich nun in der bekannten Weise um das linke Bein. Nach diesem Bein kommt dann der rechte Arm. Und nun sind Sie ja schon ein Experte darin, sich weiter und tiefer auf diese Art nach innen zu wenden.

Sollten Sie weiter Ihren Körper nachspürend entdecken wollen, gelangt nun der Rücken in den Fokus von Zuwendung und Aufmerksamkeit. Der Rücken liegt auf der Unterlage, man kann ihn sicher hier und dort spüren, in manchen Bereichen deutlicher als in den anderen. In der Mitte befindet sich die Wirbelsäule, daneben die Muskeln und Teile des hinteren Brustkorbes. Spüren Sie einmal hinein, wie Sie Ihren Rücken so wahrnehmen können.

Nach dem Rücken kommen Brustkorb und Atmung an die Reihe. Der Brustkorb kann weit sein oder eng, beweglich oder starr, die Atmung ist dann flach oder tief, langsam oder schnell. Atmung geschieht ja immer ruhig und regelmäßig, ganz von allein und von selbst, so dass man immer spüren kann, wie sich mit jedem Atemzug Ruhe und Geborgenheit, Harmonie und Frieden, Klarheit oder Sicherheit immer weiter vertiefen. Vielleicht entdecken Sie auch, wie ruhig und regelmäßig Ihr Herz dort schlägt, sicher und zuverlässig.

Bei der Atmung gelingt es den meisten Menschen, einzutauchen, sich zu lösen und Ihre Wohlfühltrance nun in Besitz zu nehmen. Aber natürlich können Sie auch noch die anderen Angebote Ihres Körpers nutzen.

Der Bauch nimmt ja einen recht großen Teil des Körpers ein, von den Rippenbögen bis zum Schambeinast erstreckt er sich, die Flanken gehören noch dazu. Der Bauch kann sehr in sich ruhen, zufrieden und satt, er kann auch eher betriebsam sein, man spürt die Aktivitäten hier und da, Geschäftigkeit. Im Bauch spürt man oft auch Wärme und Geborgenheit. Schauen Sie einmal selbst hinein, was Ihr Bauch Ihnen vermittelt und ob Sie das dann nutzen möchten, um Ihre Wohlfühltrance weiter und tiefer zu entdecken.

Theoretisch lässt sich nun zwar noch der Kopf auf diese Weise entdecken, aber meistens führt seine Wahrnehmung eher wieder an die Oberfläche. Falls Sie tatsächlich zu den Ausnahmen zu rechnen sind, die auch über den Bauch noch keinen Zugang zur inneren Mitte gefunden haben, dann ist diese Art der Tranceeinleitung für Sie eben nicht die richtige. Sie haben ja die freie Wahl.

Bilder und Gemälde können die Aufmerksamkeit schon fesseln.
Wer an seinem Lieblingsplatz für die Selbsthypnose einen dieser faszinierenden Kunstgegenstände vor Augen hat, wird dieses Angebot vielleicht sehr gerne annehmen, um über das Betrachten des Bildes der äußeren Wahrnehmung für einige Zeit den Rücken zu kehren. Zunächst betrachtet man sein Bild im Ganzen, lässt den Eindruck auf sich wirken, der einem bereits ver-

traut ist. Dann wendet man sich Einzelszenen zu. Bei Landschaftsbildern betrachtet man einen Baum mitsamt seinem Stamm, der Krone, den Ästen und Zweigen mit den Blättern. Vielleicht erinnert Sie das an einen dieser herrlich großen Bäume, unter denen man als Kind mit offenen Augen gelegen hat, alles war weit und blau, der Himmel, der sich darüber spannte. Dort haben alle Gedanken freien Raum. Vielleicht taucht auch ein ganz anderes Bild vor Ihren Augen auf, das dieser Baum auf dem Gemälde dort entstehen lässt. Und es ist natürlich auch in der gleichen Weise möglich, dass Sie sich auf jenen Weg begeben, der im Bild vom Wald hinab in ein Tal führt, wo auch ein Fluss zu finden ist. Sie folgen dem Verlauf des Weges einfach, spüren ganz unvermittelt die Sonne auf der Haut, atmen tief die herrlich würzig-frische Luft ein und gehen Schritt für Schritt und immer weiter, tiefer in das Tal hinab, dorthin, wo der Fluss leise rauschend in seinem Bette fließt. Und Sie spüren, wie wohltuend und angenehm es ist, über Ihr Bild den Eintritt in die Wohlfühltrance zu finden.

Sollte Ihr Bild andere Szenen darstellen, können Sie in ähnlicher Weise auch diese für sich mitgestalten. Erinnerungen werden vielleicht wach oder aber Sie verwandeln sich in eine der Personen, die im Bild dargestellt sind. Je weiter und tiefer Sie sich auf Details einlassen und sich darauf konzentrieren, umso leichter wird Ihnen ein solcher Zugang fallen. Auch abstrakte Gemälde haben oft eine starke Ausstrahlung, die über Farben oder eine dynamische Pinselführung auf den Betrachter übertragen wird. Wenn Sie beim Betrachten eines Bildes in eine Trance gehen wollen, ist allein von Bedeutung, ob Ihnen Ihr Bild »etwas zu sagen« hat.

Einige Menschen haben auch die Fähigkeit, im **Album der Erinnerungen** zu blättern, um dort genau jene Bilder und Gefühle zu finden, die direkt und ohne Umschweife eine Wohlfühltrance ermöglichen. Im Grunde handelt es sich dabei bereits um eine mitteltiefe Trance, aber warum sollte man auf diese hervorragende Möglichkeit verzichten wollen?

Mit dem Schließen der Augen wird das Album der Erinnerungen hervorgeholt. Im Leben eines jeden Menschen gibt es Momente der Sicherheit und der Geborgenheit. Mitunter muss man dafür mit den Gedanken weit in die Kindheit zurückgehen. Dann tauchen aus der Erinnerung zunächst Bruchstücke an die Oberfläche des Bewusstseins, ein Gegenstand kann das sein, der einmal von großer Bedeutung war, ein Platz vor dem Haus oder ein Ort, irgendwo im Garten, fast verwunschen unter Tannen. Dann gesellt sich ein Gefühl dazu, eines, das man damals besonders intensiv empfinden konnte. Und ein paar Augenblicke später spürt man die Sonne auf der Haut, als schiene sie gerade jetzt, der Geruch von damals zieht in die Nase und dann hört man auch die Geräusche in der Umgebung. Das ist ein Gefühl wie in einem Theaterstück, in dem man selber eine wichtige Rolle spielt. Dann kann man sich entscheiden, ob man noch einmal genau die Szene von damals erleben und genießen möchte: die Geborgenheit, die Sicherheit, das unbeschwerte Sein. Oder ob man sich lieber daran erinnert, dass im Album der Erinnerungen nur die Eintrittskarte liegen sollte zu einer Selbsthypnose mit einem ganz persönlichen Ziel für das Leben heute.

Das Album der Erinnerungen ist zwar jedem, der es möchte, in seiner Weise zugänglich, aber nur wenige Menschen werden es so intensiv und zielgerichtet betrachten können. Probieren Sie doch trotzdem einmal aus, welche Bilder aus der Erinnerung Ihnen besonders wohltuend zur Verfügung stehen könnten.

Neben diesen »freien« Gestaltungsmöglichkeiten, kann natürlich auch ein eher direktives und suggestives Vorgehen zum Beginn einer Selbsthypnose hilfreich sein.

Dazu eignet sich die **Zählmethode** in recht guter Weise.

Sie liegen in der gewohnten Umgebung auf Ihrer Unterlage und haben die Augen geschlossen.

EINS – Ich spüre die Unterlage unter meinem Körper. Arme und Beine, Kopf und Rücken liegen fest und sicher auf, das ist ein gutes Gefühl, so sicher und geborgen hier zu liegen.

ZWEI – Mir gehen zahlreiche Gedanken durch den Kopf, und das ist gut und richtig so, denn die Gedanken sind frei und können sich leicht auch von hier an einen anderen Ort bewegen.

133

DREI – *Ich höre in meinem Umfeld einige Geräusche, bei den Nachbarn, auf der Straße, hier und dort, und das ist gut und richtig so, denn gerade so kann ich im Gegensatz dazu innere Ruhe und Geborgenheit besonders intensiv erfahren.*

VIER – *Ich spüre, dass meine Augen geschlossen sind, und ich weiß, dass es mir immer leichter fällt, mich mit dem Schließen der Augen Schritt für Schritt in aller Ruhe weiter und tiefer nach innen zu wenden.*

FÜNF – *Ich spüre sehr angenehm, dass die Atmung ruhig und regelmäßig ganz von allein und von selbst geschieht, so wie Atmung ja immer ruhig und regelmäßig ganz von allein und von selbst geschieht, so dass ganz von allein und von selbst sich Ruhe und Geborgenheit, Harmonie und innerer Frieden sich immer weiter spürbar vertiefen.*

SECHS – *Schritt für Schritt gehe ich jetzt weiter und tiefer wie auf einer Treppe, immer weiter und tiefer in meine Wohlfühltrance hinein, Stufe für Stufe, immer weiter und immer tiefer, bis zu einer Plattform, auf der ich mich entscheiden kann, ob ich mit Sicherheit noch weiter und noch tiefer gehen möchte.*

SIEBEN – *Ich spüre jetzt sehr wohltuend, dass alles andere sonst immer mehr an Bedeutung verliert und völlig gleichgültig wird, und ich entscheide mich, ob ich daran diese Ruhe besonders intensiv genießen möchte, oder ob mir die Sicherheit dabei weiter und tiefer am Herzen liegt.*

ACHT – *Ich spüre, wie alles Enge einer herrlichen Weite weicht, es ist ein herrliches Gefühl so frei und unbeschwert zu atmen, der Blick nach innen ist nun völlig frei, wohin ich ihn auch lenke, Klarheit und Sicherheit werden überall zu finden sein.*

Wenn Sie einen solchen Weg für sich in Erwägung ziehen, können Sie natürlich zunächst den vorgegebenen Text auswendig lernen und während ihrer Übung leise vor sich hin sprechen. Aber nach einiger Zeit werden Sie sicher viel lieber eine eigene Tranceanweisung für sich formulieren wollen, eine, die Ihren Bedürfnissen genau entspricht.

So sind alle Zugangstechniken nur Angebote, die Sie jederzeit variieren und Ihren Wünschen und Vorstellungen anpassen können. Und Sie werden sehr sicher mit zunehmender Erfahrung im Bereich der Selbsthypnose immer weniger »Aufwand« betreiben müssen, um Ihre Wohlfühltrance zu erreichen. Es liegt also ganz bei Ihnen, in welcher Weise Sie Ihre Kreativität auch hier einsetzen möchten, um neue oder andere Zugangsmöglichkeiten zu gestalten.

Die Sprache der Trance

Vieles ändert sich im Körper, während man seine Wohlfühltrance genießt.

Sicher werden Sie sich jetzt daran erinnern: Der Puls wird ruhiger, die Atmung vertieft sich, weniger Stresshormone kreisen im Blut, das Immunsystem wird aktiviert, die Durchblutung ist verbessert und alle Körperzellen werden vermehrt mit Sauerstoff versorgt. Die Veränderungen der Seele spürt jeder selbst am besten. Und natürlich ist das alles wahrlich Grund genug, einen solchen Zustand möglichst häufig zur eigenen Freude herzustellen.

Wer aber die kraftvolle Macht der Selbsthypnose zur Gestaltung seines Lebens einsetzen möchte, wird sich damit nicht zufrieden geben. Denn eine Wohlfühltrance ist eine gute Basis und ein Ausgangspunkt, um weitere Ziele zu erreichen. Im Zustand der Trance sind Körper und Seele besonders zugänglich und empfänglich für Veränderungswünsche und Zukunftsvisionen, mit denen Sie Ihren Alltag gestalten möchten. Einige Fachleute sind der Meinung, dass die »Arbeit« in Trance während weniger Minuten mehr zu leisten vermag und um einiges erfolgreicher ist, als die Bemühungen mit wachem Bewusstsein es in vielen Monaten sein könnten.

Wichtige Voraussetzungen für die Nutzung Ihres Trancepotenzials haben Sie bereits durch das konzentrierte Lesen der Vorkapitel geschaffen. Und Ihre weiteren Übungen werden hier zu einer Meisterschaft führen können. Alles das wird aber wenig nützen.

Denn Ihr Trancebewusstsein kann Sie nur verstehen, wenn Sie die ihm eigene Sprache verstehen und sprechen können. Die Sprache

der Trance ist das »Sesam-öffne-dich« zur unermesslichen Schatz-
kammer Ihrer Ressourcen.

Wer seinen eigenen Geist oder anwesende Zuhörer von einer Sache
oder einem Zusammenhang überzeugen möchte, braucht dafür eine
Reihe logischer Argumente. So muss man bei einem Verkaufsge-
spräch alle Vorteile seines Artikels aufzählen, den vorteilhaften Preis
im Vergleich zu anderen Preisen begründen, den unbedingten Nutzen am Bedarf des Alltags darstellen und schließlich noch auf die absolute Qualität der fachlichen Serviceleistung der eigenen Firma
hinweisen, bevor sich ein Kunde dann unter Abwägung aller Vor-
und Nachteile zu einem Kauf entschließt.

Bei allen Entscheidungen, die man selbst im Alltag treffen muss,
spielt immer der Kopf eine tragende Rolle. Für spontane Handlungen, die »aus dem Bauch heraus« kommen, ist kaum Platz, denn alles
unterliegt seiner Kontrolle. Und das macht natürlich auch einen
Sinn. Der Kopf orientiert sich bei der Umsetzung unserer Wünsche
und Bedürfnisse immer an den Gesetzesnormen, moralischen
Grundsätzen, gesellschaftlichen Tabuzonen, an der Wirtschaftlichkeit
und praktischen »Machbarkeit«. Es ist gar nicht so einfach, sich in
diesem Gestrüpp des Erlaubten, Gewünschten und Umsetzbaren
zurechtzufinden. Die Vernunft wird deshalb ständig und täglich gefordert.

Die grundlegenden Pläne aber, die Visionen, die Grundvorgaben
werden im Bereich des Vorbewusstseins erstellt. Das ist ein Bereich,
in dem bewusste und unbewusste Anteile zusammenfließen. Wenn
zum Beispiel täglich Botschaften in diesen Bereich gelangen, die
mitteilen, dass Sie aus irgendeinem Grunde längerfristig unglücklich
sind, entsteht auf dieser Ebene des Vorbewussten der Wunsch, für
Veränderung zu sorgen. Denn im Vorbewussten findet immer ein
Abgleich statt zwischen Ihren Vorstellungen und Ansprüchen, also
wie Sie gerne leben möchten, mit den tatsächlichen Umständen,
unter denen Sie leben. Dieser Vorgang läuft ohne Ihre bewusste Be-

teiligung und ohne Ihr bewusstes Wissen ab. Es ist also der unbewusste Anteil des Vorbewusstseins. Dauerhafte Abweichungen werden immer zu Änderungswünschen führen.

Sie können die Arbeit Ihres Vorbewussten auch dann wahrnehmen, wenn Sie in sich hineinhören. So kann es sein, dass Sie sich morgens immer ein wenig unbehaglich fühlen und nicht so recht wissen, warum. Eine unerklärliche leichte Unruhe gesellt sich an manchen Tagen hinzu. Gleichzeitig bemerken Sie, dass Sie immer häufiger gereizt oder unwillig in bestimmten Situationen reagieren. Das sind Botschaften des Vorbewussten, die bedeuten:»Achtung, du fühlst dich nicht so, wie du dich fühlen möchtest! Achte einmal auf Situationen im Alltag, die dir Unbehagen bereiten oder dir ›auf die Nerven gehen‹!« Dieses sind dann die bewussten Anteile Ihres Vorbewusstseins. Ihr Bewusstsein wird nun verstärkt genau solche Ereignisse und Begebenheiten in den Fokus Ihrer Aufmerksamkeit rufen. Und Sie haben nach diesen zahlreichen Hinweisen die Wahl, ob Sie sich weiter unwohl fühlen oder ob Sie lieber etwas ändern möchten. Wie und welche Änderungen Sie umsetzen können, wird dann wieder das Bewusstsein mit Ihnen abstimmen. Aber die wichtige, erklärende, beleuchtende, grundsätzliche Botschaft kam aus dem Vorbewussten.

Ihr Vorbewusstsein ist also eine ungemein wichtige Zentrale, in der alle Informationen über Ihr seelisches und körperliches Befinden einlaufen und in der diese dann ausgewertet werden. Das Ergebnis wird Ihnen dann in der beschriebenen Weise mitgeteilt. Im Vorbewussten befindet sich der Regieraum für Ihre Lebensführung. Ihr Vorbewusstsein hat einen sehr großen Einfluss auf Ihr Bewusstsein und Ihr Handeln im Alltag. Aber natürlich kann Ihr Bewusstsein in der »Gegenrichtung« auch auf das Vorbewusstsein einwirken.

Und diesen Umstand machen Sie sich bei der Selbsthypnose zunutze. Das Vorbewusstsein wird zu Ihrem direkten Verbündeten für Ihre Änderungswünsche und Ihre neuen Ziele.

Dabei muss Ihnen nicht immer klar sein, ob Sie einen Teil des Vorbewussten oder das Bewusstsein ansprechen. Für die Wirkung ist das ohne Belang. Der Ausflug über die Zusammenhänge sollte nur den Einfluss Ihres neuen Verbündeten verdeutlichen, mehr nicht.

Und Sie haben erfahren, dass die Sprache Ihres Vorbewussten die Gefühle sind.

Solche Gefühle werden in besonders intensiver Form durch Bilder und Sinneseindrücke vermittelt.

Wer über Selbsthypnose sein Vorbewusstes als machtvollen Freund bei der Umsetzung seiner persönlichen Ziele und Pläne an seiner Seite wissen möchte, muss dessen Sprache lernen:

Das sind Bilder, Gefühle, Sinneseindrücke. Denn diese Sprache versteht Ihr Vorbewusstes absolut perfekt. Je besser Sie diese »Mundart« beherrschen, umso besser werden Sie mit Ihrem Vorbewussten kommunizieren können.

Jeder Mensch hat besondere Talente und Vorlieben, wenn es um diese Sprache geht. Manch eine Innenwelt ist vollkommen »**visuell**« aufgebaut, weil ihre »Architekten« bevorzugt auf die Sinneseindrücke des Auges, auf Farben, Formen und Licht reagieren.

Bei anderen spielt das **Gehör** eine hervorragende Rolle, so dass Geräusche oder Töne am ehesten in der Lage sind, eindrucksvoll Gefühle zu vermitteln.

Den **Geruchssinn** lieben viele Menschen außerordentlich, denn er berührt das innere Empfinden tief und bleibt lange im Gedächtnis haften.

Auch der **Geschmack** spielt hier und dort eine kleine Rolle. Er wird aber selbst bei höchstem Genuss nur selten inhaltvolle Tiefen erreichen können.

Unser **Tastsinn**, der mit dem Temperatur- und Schmerzempfinden ebenso wie mit Vibrationswahrnehmungen verbunden ist, vermittelt dagegen schon sehr beeindruckende Gefühlsqualitäten.

Bei einem Spaziergang lassen sich die eigenen Vorlieben und Talente leicht erkennen:

Wenn man das Haus verlässt, weht draußen vielleicht ein kühler Wind, der die Haut ein wenig frösteln lässt. Sie spüren das und schlagen Ihren

Kragen hoch. Sie gehen zügigen Schrittes auf einem asphaltierten Weg voran und nehmen den festen Boden unter Ihren Füßen wahr.

Der Wind wird eine Spur stärker und zerzaust Ihnen das Haar. Ihre Augen wandern die kleine Straße entlang, bleiben hier und dort für kurze Momente haften, die kleinen Farbtupfer in der grauen Häuserlandschaft vermitteln fröhliche Lebendigkeit. Dann fällt Ihr Blick in ein hell erleuchtetes Fenster hinein. Der Kerzenschein erweckt im trüben Außenlicht den Eindruck von Wärme. Auch Geborgenheit spüren Sie, als Sie kurz verharren und hinter einem Fenster eine Familie gemütlich am Kaffeetisch sitzen sehen. Dann führt Ihr Weg Sie in die nahen Gartenwege. Ein würziger, fast verbrannter Geruch liegt in der Luft. Sie atmen tief ein und erinnern sich: So hat es früher immer gerochen, wenn die Kartoffelfeuer brannten. Kurz versinken Sie in dieser Erinnerung, dann beginnt es in feinen nieselnden Tropfen zu regnen. Kälte schlägt Ihnen nun ins Gesicht und Sie gehen schneller, um das Haus vor dem Einsetzen des vollen Regenschauers zu erreichen. Sie spüren, wie sich Wärme bildet in Ihrem Körper, der Atem geht geräuschvoll, das Herz schlägt im Lauftempo. Endlich erreichen Sie Ihr Ziel und betreten das hell erleuchtete Haus. Die Helligkeit blendet Sie fast, aber es ist herrlich, im Trockenen die nassen Kleider abzulegen, ins wunderbar warme Bad zu gehen und sich dort die Haare zu fönen. Wohlige Wärme durchströmt nun Ihren Körper und vermittelt ein wonniges Gefühl der Sicherheit.

Die Vokabeln aus diesem Spaziergang für Ihr Vorbewusstes können lauten:

Das Bild einer Kerze im trüben Umfeld bringt Geborgenheit.

Der Geruch von herbstlichem Laub erinnert an Kinderzeit und Kartoffelfeuer

Wohlige Wärme im Körper bedeutet herrliche Geborgenheit.

Sichere und feste Schritte auf dem Asphalt sind auch Erdverbundenheit.

Und in genau dieser Form, als Bild, müssen diese Botschaften dem Vorbewussten übermittelt werden.

In der warmen Jahreszeit lassen sich die wunderbarsten Sinneseindrücke wie in einem inneren Fotoalbum sammeln. *An einem Sommertag kann man herrlich den Strand entlangspazieren. Der Himmel ist azurblau, wie man ihn sonst nur von Postkarten kennt, und das ist eine Farbe, die zu gleicher Zeit Energie und Ruhe ausstrahlen kann. Die Sonne steht hoch und man spürt die warmen Strahlen, fast wie ein Streicheln auf der Haut, ein wohltuendes Gefühl von innerem Frieden breitet sich so im ganzen Körper aus. Von der See her weht ein leichter Wind und trägt die Würze des Meeres herüber. Sie atmen tief und frei, die Lungen heben und senken sich, die Welt ist offen, die Perspektive weit, fast grenzenlos. Ihr Blick wandert bis zum Horizont, dorthin, wo sich Wasser und Himmel in einer feinen Linie treffen. Das Wasser ist so blau und auch so klar, dass Sie bis auf den Grund sehen können. Eine solche Klarheit ist mit Worten nicht mehr zu beschreiben, nur erfühlen kann man sie. So wandern Sie am Saum des Meeres entlang, das in kleinen Wellen auf dem Sand zerfließt. Ein leises Rauschen dringt an Ihr Ohr und Sie erinnern sich daran, wie vor langer Zeit einmal an einem anderen Strand Ihr Großvater eine Muschel an Ihr Ohr gehalten hat und Sie genau dieses Rauschen zum ersten Mal hörten. Ihr Großvater war ein sehr gütiger und weiser Mann, und für einen Moment sehen Sie sein Gesicht vor sich. Dann treten Sie auf einen Stein und werden so recht schmerzhaft wieder mit der äußeren Wirklichkeit konfrontiert.*

Für die Kommunikation mit Ihrem Vorbewussten wären aus diesem Spaziergang die folgenden Bilder sehr geeignet:

Ein azurblauer Himmel weckt ein Gefühl von tiefer Ruhe voller Energie in mir.
    Das Rauschen des Meeres erinnert an den Großvater und lässt seine Güte spüren.
    Meerwasser ist von einer unbeschreiblich tiefen Klarheit.
    Sonne auf der Haut lässt Frieden im ganzen Körper spüren.

Es ist nicht immer nötig, weite Spaziergänge zu unternehmen, um solche Vokabeln zu lernen. Schauen Sie sich einmal um, welche Gegenstände in Ihrer Nähe eine Bedeutung für Sie haben könnten, die über eine rein sachliche hinausgeht. Eine Kerze kann zwar auch nur eine Kerze sein, aber sie kann ebenso den Duft an Weihnachten, einen bunt geschmückten Baum und das gemeinsame Singen mit der Familie in Ihnen als Erinnerung wieder zum Leben erwecken.

Dann steht noch irgendwo ein Mitbringsel aus einem Urlaub vor vielen Jahren auf der Kommode. Sie befanden sich damals auf der Hochzeitsreise in Italien, schön war es dort, fast kitschig. Die Gondelfahrt werden Sie nie vergessen und beim Anblick dieses Erinnerungsstückes durchflutet ein Gefühl von Wärme und Liebe Ihren Körper und alle Ihre Sinne.

Daneben werden Sie unbegrenzt Gegenstände in Ihrem Umfeld finden, die ihre Bedeutung nicht durch damit verbundene Erinnerungen erlangen, sondern die selbst und direkt Gefühle auslösen können:

Nehmen Sie nur einen runden, flachen Stein in die Hand und erfühlen Sie mit geschlossenen Augen seine Konturen, tasten jeden Millimeter mit den Fingerspitzen ab. Es ist ein besonderes Gefühl, diese perfekt geschliffene Oberfläche mit den eigenen Sinnen widerzuspiegeln. Vielleicht gehen Ihre Gedanken dann für einen Augenblick dorthin, wo der Stein einst seinen Ursprung hatte. Damals war er kantig und längst noch nicht flach. Über viele tausend Jahre haben Wasser und Sand seine Oberfläche bearbeitet und endlich so fein geschliffen, wie sie nun geworden ist. Und Sie begreifen vielleicht intuitiv den Lauf der Zeit, und wie alles miteinander verbunden ist.

Wer eine Blume betrachtet und ihren Duft tief einatmet, kann auch sehr wohltuende Gefühle in der eigenen Mitte wecken. Schauen Sie nur einmal, wie die Blütenblätter miteinander verbunden und umeinander angeordnet sind. Die Farben sind so intensiv, wie man sie kaum malen kann, der Duft ist süß und schwer. Welche Gefühle lösen solche Eindrücke bei Ihnen aus? Sie sollten jede Gelegenheit, die sich bietet, nutzen, um Eindrücke dieser Art zu entdecken und zu sammeln. Es kann sehr reizvoll sein, Gegenstände, mit denen man etwas verbindet, in einer Kiste zu sammeln, um sie immer wieder einmal anzuschauen und zu entdecken, ob die Gefühle dazu genau dieselben bleiben oder ob sich daran etwas ändert.

Vielleicht legen Sie sich auch eine Liste an, mit welchen Gefühlen Sie welche Eindrücke oder Bilder verbinden. Das kann zu Beginn Ihrer Arbeit mit Selbsthypnose außerordentlich hilfreich sein. Sie sind damit in der Lage, sich vor Ihrer Sitzung noch einmal genau die passende Vokabel für Ihr Vorbewusstes auszusuchen.

Bei allen Übungen mit der Sprache des Vorbewussten ist es hilfreich, möglichst viele Sinne zu beteiligen.

Wenn Sie ein Bild nur eindimensional erfassen, zum Beispiel über seine Farbe, wird es wirksam sein. Gelingt es Ihnen aber, alle Sinne zu beteiligen, indem Sie die Farbe, den Geruch und seine Struktur miteinander zu einem Eindruck verbinden, gewinnt die Vorstellung an Kraft und Dynamik. Ihr Vorbewusstes wird dementsprechend reagieren.

Sobald Sie sich auf diesem Gebiet sicher fühlen, können Sie mit dem nächsten Schritt Ihres Sprachlehrgangs beginnen. Dafür wird es von Nutzen sein, wenn Sie sich eine Liste erstellen. Eine solche Liste kann entweder nach den Gegenständen geordnet sein, mit denen Sie Ihre Erfahrungen gesammelt haben. Wie bei einer Vokabelliste kann dann hinter jedem die Bedeutung stehen, die Sie damit verbinden, Ihr Bild oder Eindruck mit allen dazugehörenden Sinnesqualitäten. Das ist am Anfang eine respektable Arbeit, zahlt sich aber in der sicheren Orientierung bei Bedarf sehr aus. Außerdem behalten Sie immer den Überblick über Ihr Repertoire und können es nach und nach in Ruhe ergänzen.

Sehr sinnvoll kann es auch sein, die Vokabeln nach Art des Vorbewussten zu ordnen. Dann stünde zum Beispiel auf Ihrer Liste:

Tiefe Ruhe und Geborgenheit – Sonnenuntergang am Meer.

Dieses Ordnungsprinzip orientiert sich am Ziel, das Sie erreichen möchten.

Sie werden schnell entdecken, welche Form der Liste für Ihren Bedarf besonders gut geeignet ist. Und nur daran sollten Sie sich ausrichten. Bevor es zur nächsten praktischen Übung geht, sollten Sie dann noch eine Bedarfsliste erstellen. Diese Aufstellung enthält alles, worum Sie Ihr Vorbewusstes bitten möchten oder mit welchen Aufgaben Sie es betrauen wollen.

Zum Beispiel kann das sein: *Klarheit finden, Sicherheit gewinnen, Selbstbewusstsein stärken, Liebe wiederentdecken, Probleme lösen, Schlaf ermöglichen, Schmerzen lindern, Lebensfreude erleben.*

Sie haben sicher schon bemerkt, dass Sie dann auch vergleichen können, für welchen Bedarf Sie schon Sinneseindrücke, Vokabeln, für Ihr Vorbewusstes gefunden haben und wo noch ein Bedarf besteht.

Auf diese Art und Weise perfekt vorbereitet können Sie nun daran gehen, der Theorie die Praxis folgen zu lassen: Sie beginnen mit dem Visualisieren, der Aktivierung Ihrer inneren Vorstellungskraft.

Dafür eignet sich besonders gut der Platz, an dem Sie später auch die Macht der Selbsthypnose in Ihren Dienst stellen möchten. Neben diesen Platz legen Sie einige Gegenstände aus der »Übungskiste«. Dann machen Sie es sich bequem.

In der **ersten Stufe** nehmen Sie einen Gegenstand zur Hand, betrachten ihn eingehend, legen ihn wieder zur Seite und schließen die Augen. Dann stellen Sie sich genau dieses Teil vor. Spontan gelingt das anfangs besonders gut, wenn Sie es eher neugierig versuchen: »Ich bin gespannt darauf zu entdecken, wie dieser Gegenstand nun vor meinem inneren Auge erscheint.« Mit angespanntem Willen und zusammengebissenen Zähnen wird es dagegen nur schwer gelingen. Falls es Ihnen nicht auf Anhieb gelingt, versuchen Sie es einfach noch einmal oder nehmen etwas anderes zur Hand. Sollte auch das gerade an dem Tag nicht möglich sein, visualisieren Sie einfach etwas, das Sie schon oft mit Ihrer Vorstellungskraft gesehen haben.

Die **zweite Stufe** beginnen Sie am besten dann, wenn Ihnen die erste sicher gelingt. Sie visualisieren den von Ihnen gewünschten Gegenstand und verbinden ihn dann mit allen Sinneseindrücken, die Ihnen zur Verfügung stehen. Sie erinnern sich: Je mehr Eindrücke Sie sich vorstellen, umso deutlicher wird Ihre Botschaft an das Vorbewusste.

Die **dritte Stufe** üben Sie erst im Anschluss, denn diese weist Sie als bereits fortgeschritten aus. Sie sind nun in der Lage, die Vokabel ohne »Hilfsgerüst« zu aktivieren. In Ihren Gedanken rufen Sie die gewählte Vorstellung auf: zum Beispiel »*Sicherheit*« und visualisieren dann das dafür zuständige Bild.

Bitte nehmen Sie sich für jede Stufe die Zeit, die Sie wirklich brauchen. Auch hier gilt, wie immer beim Üben, dass es nicht um das Tempo geht, sondern um den Effekt.

Wer die Sprache seines Vorbewussten kennt und spricht, wird sein Leben eindrucksvoll gestalten können. Das ist sicher.

Die Räume der Trance

Über die Bedeutung der Umgebung für eine wirkungsvolle Wohlfühltrance haben Sie schon einige Informationen sammeln können. Bei der Auswahl solcher Räumlichkeiten sind immer auch »natürliche« Grenzen gesetzt. Denn schließlich kann sich nur selten jemand ein neues Haus bauen oder eine neue Wohnung suchen, nur um so einen angemessenen oder idealen Platz für die Selbsthypnose zu gewinnen.

Innere Räume sind keinen Einschränkungen unterworfen, sie können völlig frei gestaltet werden.
　　Innere Räume sind die Stätten, an denen Sie Ihrem Vorbewussten begegnen.
　　Innere Räume stimmen Ihr Vorbewusstes auf Ihr Anliegen ein.
　　Innere Räume lassen Träume wachsen und verleihen Ihren Wünschen Nachdruck.

Innere Räume vermitteln Ihnen die Gewissheit, sicher und geborgen in der eigenen Mitte zu ruhen.
Innere Räume sind Gebäude, denen die Macht zur selbstverantwortlichen und authentischen Lebensgestaltung innewohnt.

Um solche Räume zu gestalten, können Sie die Sprache der Trance und ihre Symbole hervorragend in Anspruch nehmen. Die Tapeten bilden Ihre Wünsche, und das Licht sind die Erinnerungen an erfolgreiche Momente aus der Vergangenheit. Bevor Sie mit der Konstruktion und dem Bau Ihrer inneren Räume beginnen, können Sie noch wählen. Sie können entscheiden, ob Ihnen mehr an vielen einzelnen Zimmern gelegen ist, die Sie von Zeit zu Zeit bei Bedarf für Ihre Selbsthypnose aufsuchen möchten, oder ob Sie lieber ein großes Haus gestalten möchten, so dass alles unter einem Dach zu finden ist und Sie nur den jeweils entsprechenden Flur finden müssen. Natürlich ist ein solches Haus auch ohne Bauantrag beliebig ausbaufähig.

In der Basisausstattung sollten sieben innere Räume zur Verfügung stehen, die jeweils eine Grundstimmung für die folgenden Bereiche vermitteln:
Ruhe, Kraft, Kreativität, Fragen, Lösungen, Gesundheit, Abschied.

Da Ihnen die Aufgaben des Bauherren, des Architekten und des Ausführenden gleichzeitig zufallen, liegt alles in Ihrer Hand. Die einzelnen Räume sollen durch ihre Konstruktion und Ausstattung genau jene Elemente erspüren lassen, die Sie mit den angeführten Bereichen verbinden.

Dabei können Sie Bauteile aus der Erinnerung verwenden, wirkungsvolle Bilder aus der Gegenwart einbringen oder Ihre Vorstellungskraft allein zum Gestalten heranziehen. Da diese kreative Arbeit besonders erfolgreich in einer wohltuenden und gelassenen Atmosphäre zu verrichten ist, sollten Sie es sich dabei auch wirklich so bequem wie nur irgend möglich machen.

*Vielleicht möchten Sie mit dem **Raum für die Ruhe** beginnen?*

Dann schließen Sie doch einfach für einen Moment Ihre Augen, um die klare Sicht zu genießen. Herrliche, tiefe Ruhe kann man an vielen Plätzen genießen. Manche Menschen schätzen dabei die Geborgenheit, wie sie in kleinen und niedrigen Räumen zu finden ist, andere brauchen die tiefe Weite des Raumes fast wie in einer Kirche, um dort eine Ruhe zu erfahren, wie man sie sonst nur in der eigenen Mitte entdecken kann. Und natürlich ist es wichtig, aus welchem Material der Raum beschaffen ist. Dicke Mauern aus festem Stein vermitteln Schutz und Ruhe und Geborgenheit. Alles was auch nur entfernt diese Ruhe stören könnte, bleibt vor den Mauern draußen in der Außenwelt. Innen wird sich nur die Ruhe finden. Auch Holz ist in der Lage, Ruhe und Wärme intensiv und spürbar zu vermitteln, dicke Balken lassen lärmenden Geräuschen keinen noch so kleinen Platz. Sicherheit wird dort dann auch zu finden sein. Vielleicht möchten Sie nun ein paar Momente innehalten, um nur diese Ruhe zu spüren. Natürlich muss der Raum auch eine Farbe haben, die Sie dieses Gefühl intensiv genießen lässt. Manchmal erinnert man sich an eine solche Farbe, wie sie früher in einem ganz bestimmten Hause zu entdecken war. Eine Farbe, die Ruhe und Geborgenheit vermittelte. Farben haben eine tiefe Kraft. Wenn Sie die richtige Farbe in der Erinnerung nicht finden können, sehen Sie sich einfach dafür in Ihrem Alltag um. Irgendwo, und das ist sicher, wird eine solche Farbe ohne Zweifel zu entdecken sein. Schauen Sie in aller Ruhe hin.

Und dann geht es noch um die Details, die dem inneren Zimmer eine sehr persönliche Gestalt verleihen werden. In manchen Bildern wohnt eine tiefe, unbegrenzte Ruhe, ein Bild mit Wasser kann das sein, oder auch mit einem Wald. Und dann gehört ganz sicher auch ein passendes Licht in diesen Raum hinein. Vielleicht dringen einige warme Strahlen der Sonne durch ein kleines Fenster an der Seite ein und vermitteln genau die Atmosphäre, die Ihnen für Ihre Ruhe wichtig ist. Aber auch eine kleine Lampe auf dem Tisch oder eine Kerze lassen sicher Ruhe spürbar sein. Nun ist Ihr innerer Raum schon fast perfekt. Ein Bett fehlt noch oder eine Liege mit vielen Kissen darauf und einer Decke. Damit Sie die Ruhe auch wirklich uneingeschränkt genießen können.

Und nun haben Sie die Möglichkeit, Ihr Zimmer noch einmal ganz ge-
nau und mit Klarheit zu betrachten, zu überprüfen, ob alles stimmt, die
Größe, die Farbe, das Licht, die Details, die Liege. Und dann hören Sie ein-
mal in diese Stille hinein. Es ist faszinierend, eine solche Stille wahrzuneh-
men, die aus der eigenen Mitte kommt. Und wenn dann am Ende alles
ganz genau so ist, wie Sie Ihren inneren Raum der Ruhe haben möchten,
dann prägen Sie sich dieses Bild unvergesslich ein, an einer Stelle, die Sie
immer wieder finden werden. Das ist wichtig, denn Sie möchten in der Zu-
kunft diesen Raum ganz sicher oft für sich in Anspruch nehmen.

Sie sehen schon, dass die Gestaltung eines inneren Raumes eine sehr ange-
nehme Aufgabe ist, die aber auch ihre Zeit in Anspruch nimmt, und genau
diese Zeit sollten Sie sich dafür auch nehmen. Je intensiver und sorgfältiger
Sie die Kriterien in diesem Raum bestimmen, umso dynamischer und wir-
kungsvoller wird die Basis für Ihre Arbeit mit dem Vorbewussten sein. Ihre
dreidimensionalen Vokabeln erfahren auf diese Art noch eine zusätzliche
Verstärkung. Das ist vor allem der Sinn dieser Zimmer.

Und ganz sicher haben Sie erkannt, dass der Raum in bekannter
Manier »gebaut« worden ist: Erst schaffen Sie sich Klarheit über den
Inhalt, »Ruhe«; dann visualisieren Sie aufgrund bereits gemachter
Erfahrungen aus der Erinnerung die Raumgröße; symbolhaft verstärken dann »dicke Mauern« oder »schwere Balken« die Vorstellung
von »Ruhe«; einen weiteren Sinn sprechen Sie über die Farbe an,
was wieder den Effekt verstärkt; schließlich gelangen noch Erinne-
rungsdetails, die Ihnen genau das gewünschte Gefühl vermitteln
und eine wieder symbolhafte »Liege« als Abrundung dazu. Sie haben
bei dem Bau des inneren Raumes drei Sinne angesprochen, die Erinnerung mobilisiert und Zusatzsymbole für »Ruhe« eingesetzt. Damit haben Sie sich ein Höchstmaß an Wirksamkeit für Ihre Selbsthypnose schon in Ihrem Zimmer gesichert. Das nennt man Perfektion. Im Verlauf Ihrer Arbeit mit der Selbsthypnose werden Sie ganz
sicher noch manche Möglichkeit haben, sich das eine oder andere
innere Zimmer zu schaffen. Dann wäre es hilfreich, diese Gesichtspunkte dabei zu beachten.

*Der **Raum für die Kraft** wird wahrscheinlich deutlich anders von Ihnen gestaltet werden.*

Denn Kraft lässt sich ja auf mancherlei Art erfahren. Eindrucksvoll erlebt man seinen Körper in der Bewegung, schnell und stark. Jeder Muskel spannt sich an und löst sich dann auch wieder, herrliche Wärme breitet sich im Körper aus. Welches Symbol in Ihrem Zimmer könnte Ihnen genau dieses Gefühl vermitteln? Vielleicht ist es ein riesiges Bild, das immer im Mittelpunkt Ihrer Aufmerksamkeit steht, sobald Sie das Zimmer der Kraft betreten. Vielleicht ist es auch eine Maschine, wie sie in Sportstudios überall zu finden sind. Sie werden sicher darüber kraftvoll eine Entscheidung treffen können.

Bei der Farbe tut man sich meistens leicht. Denn Farben können Kraft ganz besonders wirkungsvoll vermitteln: ein sehr dunkles Rot vielleicht, ein sehr intensives Sonnenblumengelb oder lieber ein knalliges Lila mit einer Kraft, die aus der Tiefe kommt?

Die Dimension des Raumes spielt wohl keine große Rolle, weshalb sie auch erst an dieser Stelle Erwähnung findet.

Durch Licht kann man Kraft sehr eindrucksvoll erfahren. Klar muss es sein, ein bisschen metallisch fast und mehr in die Richtung blau und kühl, oder erleben Sie das gänzlich anders? Und dann gibt es da noch dieses andere Gefühl der Kraft, das nicht aus dem Körper, sondern aus den tiefsten Tiefen der Seele kommt. Das ist fast wie Unbesiegbarkeit. Jeder Mensch hat Ereignisse in seinem Leben gehabt, die ein solches Gefühl von unbegrenzter Kraft freigesetzt haben. Das kann das Empfinden nach einer bestandenen Prüfung sein, ein Spaziergang ganz allein am Strand, bei dem man mit sich und der Welt absolut im Reinen war, oder die Geburt des Kindes, das man sofort danach in seinen Armen hielt. Und auch dafür findet sich sicher ein Symbol, mit dem sich das im inneren Zimmer verankern lässt. Spüren Sie einmal selbst hinein. Vielleicht kann auch ein Geruch oder eine Melodie die Wirkung von Kraft weiter verstärken. Sie haben wieder die freie Wahl.

Ohne Zweifel werden Sie bemerkt haben, dass diese zweite Konstruktion des inneren Raumes mit weniger Details versehen ist, als Sie es von der ersten »gewohnt« waren. Ebenso wurde eine andere

Reihenfolge in der Gestaltung gewählt. Das hat natürlich auch einen Sinn, denn Sie erhalten auf diese Weise zunehmend Einflussmöglichkeiten, eigene Vorstellungen in die Gestaltung der einzelnen Räume einzubringen, damit es am Ende auch wirklich Ihre ureigenen sind.

Vom inneren **Raum der Kreativität** haben Sie deshalb sicher auch schon viele Vorstellungen. Die meisten Menschen brauchen in einem solchen Raum viel Licht, so wie in einem Atelier. Und weit muss er sein, der Raum, sehr weit, damit unbegrenzte Gedanken Platz darin finden können. Schaut man aus dem Fenster, ist der Horizont sehr offen. Die Luft ist irgendwie sehr leicht, luftig eben. Farben kann man sich sehr bunt vorstellen, manche mögen es allerdings auch grau, weil sich Inhalte dann deutlicher abheben und Kontraste gut darzustellen sind. Und offen ist so ein Zimmer natürlich auch, offen für Ideen, offen für Menschen, offen für Neues und offen für Altes. Musik weht auch durch einen solchen Raum, ganz leicht nur, inspirierend eben.

In einem kreativen Raum kann man endlich die Gedanken frei entfalten.

Haben Sie gespürt, wie kreativ man einen solchen Raum gestalten kann, wenn sich Gedanke an Gedanke reiht und keine Grenzen vorgegeben sind?

Der **Raum der Fragen** folgt dann wieder etwas strengeren Regeln, wenn Sie es nicht anders möchten. So ist das Zimmer geometrisch und ohne jede Schnörkel. Schwarz und weiß können die Farben sein. Denn nur dort, wo klare Fragen gestellt werden, kann man klare Antworten finden. Und in den Raum der Fragen geht man ja, um Antworten zu finden. Ohne Fragen sind Antworten unmöglich. Schmuck und Bilder wird man dort nur selten finden, damit der Blick frei bleiben kann für das, was wirklich wichtig ist: Fragen. Ablenken soll dort eher nichts. Das Licht in diesem Raum wird weißlich-hell oder als Neonlicht besonders gute Wirkung zeigen können.

Als einzige Dekoration bietet sich ein riesiges Fragezeichen an, mitten im Zimmer, weiß und groß bis an die Decke. Für eine Liege ist dort kein Platz, dafür gibt es einen kleinen Stuhl, damit man sich auch wirklich konzentrieren kann. Weiche und bequeme Möbel verführen zu Ruhe und Behaglichkeit. Wer Fragen stellt, will Antworten finden und sonst nichts. Punktum.

Spüren Sie den Unterschied, der von Raum zu Raum durch die Wahl der Bilder und Inhalte deutlich wird? Und genau darauf kommt es an, wenn Sie die inneren Zimmer gestalten. Es muss beim Betreten klar sein, wofür das Zimmer in besonderer Weise geeignet ist.

Dann wird der Effekt für Ihr Gespräch mit dem Vorbewussten am größten sein.

*Den **Raum für Lösungen** können Sie einmal frei gestalten, ohne dass Vorschläge und Angebote Ihre Phantasie begrenzen.*

*Und mit dem **Raum für Gesundheit** können Sie es in der gleichen Weise halten.*

*Den **Raum für den Abschied** werden wir dann wieder gemeinsam erschaffen.*

Man muss sehr oft im Leben Abschied nehmen, und nicht immer fällt das leicht. Manche Abschiede sind ganz selbstverständlich und man bemerkt sie deshalb kaum: den Abschied von der Kindheit zum Beispiel. Bei anderen wird schon klar, dass etwas wirklich zu Ende ist: der Abschied von der Schule oder der Abschied von einem Wohnort. Noch intensiver wird das Gefühl beim Abschied aus dem Elternhaus, dem Abschied von einem Freund oder dem Abschied von einem lange vertrauten Weggefährten. Die extremste Form des Abschieds ist der Tod. Abschied ist auf der einen Seite immer schmerzlich, auf der anderen Seite eröffnet er auch immer neue Perspektiven, die eben ohne Abschied gar nicht möglich sind.

Deshalb sollte der innere Raum für den Abschied auch beiden Teilen Rechnung tragen. Das Zimmer dafür muss in der Größe überschaubar sein und nicht zu hoch. In der Mitte findet sich ein weißer Strich auf dem Boden oder eine halbhohe Mauer erfüllt den gleichen Zweck. Die eine Hälfte kann in Farben gestrichen sein, die Sie als gedeckt empfinden: dunkelgrau oder auch schwarz, falls Sie die dunkle Trauerseite des Abschieds in besonderer Weise deutlich hervorheben möchten. In dieser Hälfte des Raumes ist auch das Licht nur so, dass es Konturen sehen lässt, denn es kommt mehr auf den Inhalt an als auf die äußere Fassade. Die andere Hälfte werden Sie vielleicht hell und offen gestalten wollen, die Farben in einem hellen Grün? Alles wirkt dort wie bei einem Aufbruch. Zahlreiche Details verheißen neue Perspektiven. Musik wird in beiden Teilen des Raumes zu hören sein und Sie können wählen, wonach Ihnen bei Trauer und bei Aufbruch jeweils so zumute ist. Wenn Sie noch irgendwo eine Ecke für Trost und Beistand einrichten möchten, wird sich die auch finden lassen in dem Zimmer. Und natürlich ist Ihnen bei der Gestaltung klar, dass man sich in einem solchen Zimmer nicht nur von Menschen und Lebensphasen verabschieden kann, sondern dass sich mancher Abschied auch zu einem Freudenfest entwickelt, wenn man lästige Gewohnheiten oder Begleiter endlich an einen anderen Ort als den eigenen schicken kann: Rauchen zum Beispiel oder das lästige Übergewicht. Abschiede haben viele Perspektiven, und genau so muss das Zimmer dann gestaltet sein.

Vergessen Sie bitte nie, das jedes innere Zimmer ausschließlich nach den eigenen Wünschen und Vorstellungen gestaltet und eingerichtet werden muss. Nur dann kann es seine Wirkung entfalten. Und wie leicht zu entdecken war, ist die Funktion aus Architekt, Bauherr und Baufirma nicht immer einfach zu erfüllen. Mitunter kann es sehr hilfreich sein, vorab eine kleine Skizze auf einem Blatt Papier zu entwerfen, die man dann später in einer kleinen Trance gestalterisch umsetzen kann. Wer tatsächlich in der Lage ist, nach und nach jeden dieser Räume oder andere zu kreieren, tut oft gut daran, im Anschluss immer eine kurze Beschreibung anzufertigen, damit kein Detail in Vergessenheit gerät. So lässt sich auch zu Beginn der Arbeit mit der Selbsthypnose hier und dort etwas nachlesen.

Falls Sie zu den Menschen gehören, die überhaupt nicht mit raumgestal-terischen Fähigkeiten ausgestattet sind, werden Sie ohne einen solchen Raum auskommen müssen. Der einzige Nachteil wird dann sein, dass es den einen oder anderen Tag länger dauern kann, bis Ihr Vorbewusstes Ihre Botschaft mit der Selbsthypnose hört.

6. Die Macht der Selbsthypnose

Natürlich kostet es Arbeit und Zeit, eine fremde Sprache zu erlernen. Aber es bereitet auch großes Vergnügen, diese Ausdrucksmöglichkeiten kennen zu lernen und zu erproben. Man sieht die Welt einmal wieder mit ganz anderen Augen und gewinnt dadurch neue Perspektiven.

Die Gefühle und Bilder bringen eine intensive und farbige Erlebnisqualität in den Alltag hinein, und es ist möglich, dass sich Ihr Leben schon dadurch erheblich verändern kann. Glücksmomente und Lebensfreude verstärken sich und Probleme verlieren ein wenig ihre Schärfe. Oder es wird deutlicher, wie viele Kleinigkeiten in Ihrem Umfeld Ihnen Freude bereiten können, wenn Sie achtsamer damit umgehen.

Ein Haus mit sieben Räumen zu planen, zu konstruieren und bis ins Detail umzusetzen, erfordert viel Kreativität und klare Vorstellungen von ihrer künftigen Nutzung. Manch ein »Architekt« wird überrascht sein, welche Möglichkeiten der Wahrnehmung und des Ausdrucks ihm dabei zur Verfügung stehen. Und manch ein »Bauherr« wird verblüfft sein Haus betrachten, weil er darin seine Vorstellungen in einer Weise umgesetzt sieht, die er nie für möglich gehalten hätte.

»Architekt« und »Bauherr« entdecken so wieder Fähigkeiten, die irgendwie vergessen schienen oder die sie schon verloren glaubten. Und es ist ein sehr gutes Gefühl, das Heft bei der Lebensgestaltung wieder mehr und bewusster in die eigene Hand zu nehmen.

Ist es nicht eine herrliche Erkenntnis, dass bereits die Vorbereitung auf Ihre Selbsthypnose Ihnen solche Gewinne bringt? Und da Sie inzwischen alle Werkzeuge erworben haben, die Ihnen den Einsatz dieser machtvollen Methode erlauben, soll der Theorie auch gleich die Praxis folgen.

Ein paar Grundsätze und Zusammenhänge können dabei vorab noch sehr hilfreich sein:

Sie werden sich daran erinnern, dass Ihr Vorbewusstes als Schaltzentrale und Regieraum wichtige Funktionen in Ihrem Leben wahrnimmt. Ein Teil dieser Arbeit läuft bewusst ab, Sie erhalten also direkt davon Kenntnis. Ein anderer Teil der inneren Arbeit wird im Unbewussten geleistet und Sie spüren erst die Auswirkungen dieser Arbeit. Über die Selbsthypnose wollen Sie nun zur Gestaltung Ihres Lebens die verbindliche Kompetenz und die nahezu unbegrenzten Fähigkeiten Ihres Vorbewussten gezielt in Anspruch nehmen.

Sie können von dort Hilfe in sehr unterschiedlicher Weise erwarten.

Sehr häufig werden Sie nach einer Selbsthypnose spüren können, dass bis dahin unbekannte Sicherheit und Klarheit Ihr Bewusstsein erfüllen. Dieses Gefühl wird Sie durch den ganzen Tag begleiten können oder besonders dort deutlich werden, wo Sie genau diese Sicherheit brauchen, um eine wichtige Entscheidung zu treffen. Ihr Vorbewusstes signalisiert Ihnen mit einem solchen Gefühl, dass Sie sich auf dem richtigen Weg befinden, und gibt Ihnen »grünes Licht« für das weitere Vorgehen oder Erleben.

Dann kann es sein, dass wie aus dem Nichts plötzlich vor Ihrem inneren Auge Bilder auftauchen oder dass Erinnerungen erwachen, die Ihnen aus der Vergangenheit Erfolg und Kompetenz versichern. Zum Beispiel fällt Ihnen ganz unvermittelt jener beglückende Moment ein, in dem der Prüfungsvorsitzende Ihnen zum bestandenen Examen gratulierte und Ihnen seine Anerkennung für Ihre hervorragenden Leistungen aussprach. Oder Ihnen wird noch einmal bewusst, wie Sie eine sehr schwierige Aufgabe mit sehr viel Einsatz, Fleiß und Konsequenz trotz aller Hindernisse und Stolpersteine erfolgreich bewältigen konnten. Vielleicht sind Sie dann erstaunt darüber, wie Sie Ihre Kompetenz und den Erfolg Ihrer Arbeit fast vergessen haben. Anstehende neue Aufgaben lassen sich mit einer solchen Erinnerung sehr viel leichter und selbstbewusster anpacken und lösen. Ihr Vorbewusstes vergisst Erfolge nie und wird Sie genau zum rechten Zeitpunkt daran erinnern können, wenn Sie seine Hilfe in Anspruch nehmen möchten.

Wer sein Vorbewusstes im richtigen Zimmer und in der passenden Sprache bei Konflikten oder Problemen um Rat bittet, kann in sehr seltenen Fällen auch mit einer direkten Hilfe rechnen: Sie kommen aus der Trance zurück oder erwachen am Morgen nach einem erholsamen Schlaf, und urplötzlich haben Sie die Lösung im Kopf. Sie wissen glasklar und genau, wie Wege aus Ihrem Dilemma zu finden sind. Vielleicht sind Sie überrascht, dass Sie nicht schon längst auf eine solche Möglichkeit gestoßen sind, vielleicht ärgert es Sie auch, aber die Lösung ist da. Ihrem Vorbewussten sei Dank! Mit einer solchen Form der Unterstützung ist allerdings nur in Ausnahmefällen zu rechnen, das sei ausdrücklich betont.

Sehr häufig wird Ihr Vorbewusstes Ihnen dagegen »unter die Arme greifen«, indem es Ihren Blick auf überraschende Angebote lenkt. Da flattert dann zum Beispiel eine Werbung ins Haus, die Sie normalerweise überhaupt nicht beachtet hätten. Aus einem für Sie nicht ersichtlichen Grund nehmen Sie die Sendung dieses Mal in die Hand, überfliegen den Inhalt und entdecken dabei ein Angebot über ein tragbares CD-Abspielgerät. Da Ihr eigenes Gerät schon seit einiger Zeit defekt ist, gehen Sie kurzerhand in das Fachgeschäft, um dieses Sonderangebot zu erwerben. Neben der Kasse werden Sie auf einen Sonderstand mit Musik zur Meditation aufmerksam, werden dort fündig und kaufen auch eine CD. Erst zu Hause beim Abspielen fällt Ihnen dann auf, dass Ihnen genau diese Musik bislang gefehlt hat, um in eine Wohlfühltrance zu gehen, um Selbsthypnose zu praktizieren. Sie sind sehr froh, endlich den fehlenden Baustein für Ihre meditative Kraftentfaltung gefunden zu haben.

Haben Sie sich schon einmal für den Kauf eines ganz bestimmten Autotyps entschieden und mussten dann wegen der Lieferfristen einige Wochen darauf warten? Dann kennen Sie dieses Phänomen ganz sicher: Selbst ein sonst nur selten auf den Straßen zu sehendes Fahrzeug entdecken Sie nun stets und ständig. Fast könnte man den Eindruck gewinnen, als kämen alle Autos dieses Typs in Ihrer Wohngegend zusammen. Genau so wird es Ihnen gehen können, wenn Sie Ihr Vorbewusstes bei einem etwas komplexeren Thema um Rat und Beistand bitten. Sie werden für einige Zeit auffällig vielen Angeboten, Fragen, Aufgabenstellungen oder Personen begegnen, die irgendwie mit diesem Problem in Zusammenhang stehen und auf die eine oder andere Art dabei weiterhelfen können. Ihnen bleibt dann vor allem die Aufgabe, diese Angebote zu sortieren, auf ihre Nützlichkeit in Verbindung mit Ihrer Fragestellung zu untersuchen und sie dann bei der Lösungsfindung zu berücksichtigen. Daran ist zu erkennen, dass Ihr Vorbewusstes Ihr Problem verstanden hat und Ihre Aufmerksamkeit in bestimmte Richtungen lenkt, die damit irgendwie verbunden sind. Es liegt aber allein an Ihnen, diesen Umstand auch zu erkennen und diese Perspektiven dann auch zu nutzen. Sie nehmen eine Hilfestellung in Anspruch, müssen aber die »Arbeit« selbst erledigen. Das kann Ihr Vorbewusstes Ihnen nicht abnehmen.

Damit diese Erfolge der gemeinsamen Bemühungen spürbar werden können, ist ein bestimmter Einsatz erforderlich. *Das werden Sie sicher verstehen.* Bei kleinen Spannungsfeldern oder Änderungswünschen ist zu empfehlen, dass Sie dreimal in der Woche Selbsthypnose betreiben. Bei umfangreicheren Problemen sollten Sie versuchen, täglich Kontakt mit dem Vorbewussten aufzunehmen, bis die Lösungen gefunden sind.

Besonders effektiv arbeiten Sie dabei, wenn Sie Ihr Problem aus besonders vielen Perspektiven betrachten und immer einmal wieder das innere Zimmer wechseln. Die jeweilige Übungsdauer hängt von Ihren persönlichen Bedürfnissen ab.

Erfahrungsgemäß lassen sich die besten Resultate erzielen, wenn man zwischen zehn und dreißig Minuten Selbsthypnose betreibt. Diese Zeiten sollten Sie unbedingt nach Ihren Vorstellungen und Erfahrungen flexibel gestalten.

Der Erfolg Ihrer Kommunikation mit dem Vorbewussten stellt sich nach unterschiedlichen Zeiträumen ein. Eine Linderung von Schmerzen spüren Sie sehr oft bereits nach der ersten Sitzung. Der wirksamste Effekt wird sich dann nach zehn Sitzungen zeigen können.

Manche spontane Idee, um die man seine »mentalen Helfer« bittet, haben Sie vielleicht schon am Abend direkt nach der Selbsthypnoseübung.

Mitunter bekommt man die Hinweise nachts in einem Traum. Und es ist natürlich auch möglich, dass es zwei oder drei Wochen dauern kann, bis Sie den Erfolg besonders deutlich wahrnehmen können. Der allerdings ist Ihnen wirklich sicher, wenn Sie die Regeln der Selbsthypnose beachten.

7. Wie therapiere ich mich selbst?

Stress

Sie haben das Gefühl, ständig unter Strom zu stehen. Es hält Sie nur wenige Minuten an einem Platz, dann treibt eine innere Unruhe Sie wieder an. Ihre Gestik drückt Hektik aus, mitunter zittern sogar die Hände, unruhig wandern die Augen hin und her. Die Konzentration lässt meistens nach wenigen Minuten nach. Sie sind ständig gereizt, und das bereitet Unbehagen bei den Arbeitskollegen und in der Familie. Sie spüren auch selbst häufig eine starke Wut im Bauch, weil immer alle nur etwas von Ihnen wollen und man Ihnen keine Pause gönnt. Zum Ausgleich essen Sie dann viel und schnell. Das Körpergewicht steigt an. Wer raucht, raucht viel. Kaffee wird halbstündlich getrunken. Der Arzt hat irgendwann einen viel zu hohen Blutdruck festgestellt. Für Kontrollen bleibt aber keine Zeit: Höchstrisiko für die Gesundheit.

Das geht Ihnen alles noch einmal schlaglichtartig durch den Kopf, als Sie Ihre **Selbsthypnose** beginnen, um endlich Änderungen einzuleiten.

Ihr **Ziel** ist Ihnen klar: Der Stress muss weg, Gelassenheit soll Einzug halten. Alleine ist das nicht zu schaffen, Ihr Vorbewusstes soll Ihnen künftig Wege aus dem Stress weisen.

Ihre **Wohlfühltrance** möchten Sie über die Zählmethode erreichen, das haben Sie erfolgreich ausprobiert. Und Sie haben zwei Zimmer gewählt, die Sie zu unterschiedlichen Zeiten aufsuchen möchten. Der **Raum der Klarheit** soll Ihnen Zusammenhänge deutlich vor Augen führen. Das **Zimmer der Lösungen** bietet im Anschluss dann neue Perspektiven.

Es ist sehr angenehm und wohltuend so eine Wohlfühltrance zu erleben, ein bisschen sind Sie überrascht, wie leicht Ihnen der Zugang gelingt, aber die Übung trägt nun einmal ihre Früchte. Sie entscheiden sich nun, in den Raum der Klarheit zu gehen, den Sie vor einigen Tagen gestaltet haben. Der Gedanke daran löst schon die Bilder aus. Hell ist der Raum und alle Konturen sind sehr klar, Sie genießen diese Atmosphäre und schauen sich die hellgelbe Farbe der Wände an, nichts stört den Blick, an der rechten Wand hängt ein Bild, dessen geometrische Formen Sie schon immer sehr beeindruckt haben, und Sie lieben es seit Jahren. Sonst ist in dem Zimmer nur ein quadratisches Bett, das in der Mitte steht. Die Unterlage ist hart und gibt sicheren Halt. Sie legen sich dort auf den Rücken und sehen an die Decke. Wie auf einer Leinwand tauchen dort Bilder aus dem Arbeitsalltag auf. Sie sehen sich mit wirren Bewegungen durch die Räumlichkeiten laufen, öffnen Türen, reden hastig hier und dort ein Wort, dann sitzen Sie am Arbeitsplatz und geben hektisch Daten ein, die Gedanken sind schon längst woanders, die Kollegen werfen Ihnen erstaunte Blicke zu, als Sie schon wieder durch die Räume hetzen, manche tuscheln hinter Ihrem Rücken. Sie spüren Ihr Herz, es schlägt bis zum Hals, Schweiß steht auf der Stirn, der Blutdruck erreicht beängstigende Höhen. Angst kriecht Ihren Rücken hinauf.

Sie erinnern sich, dass Sie den Raum der Klarheit aufgesucht haben, um Zusammenhänge deutlich zu erkennen.

Das geht Ihnen durch den Kopf: **Zusammenhänge, Klarheit finden, Strukturen finden.**

Drei Bilder symbolisieren das für Sie am besten: Ein Netz steht für Zusammenhang, Eiskristalle vermitteln Ihnen das Gefühl von Klarheit, und für Strukturen stehen geometrische Zeichnungen von Dreieck, Kreis und Ellipse.

Sie lassen das Stressgefühl noch einmal durch den Kopf gehen. Dann stellen Sie sich Ihre drei Bilder vor, eines nach dem anderen. In aller Ruhe lassen Sie die Bilder wirken. Und Sie spüren, wie das Gefühl aus Stress und Hektik immer mehr der Klarheit weicht.

Mit diesem guten Gefühl aus Klarheit und Sicherheit stehen Sie von Ihrer Liege im Raum der Klarheit auf, in Ihrem eigenen Tempo. Sie gehen zur Tür, werfen noch einmal einen Blick zurück. Dann atmen Sie dreimal tief ein und aus, lassen Sauerstoff und Energie durch Ihre Lungen strömen. Dann öffnen Sie die Augen und bewegen kräftig Ihre Arme und Beine, spannen die Muskeln an. Ihr Körper soll merken, dass die Entspannungsphase nun durch körperliche Aktivität abgelöst wird.

Vielleicht möchten Sie diese erste Übung zur Selbsthypnose noch einmal in der Struktur betrachten: Sie suchen Ihren Ort auf, den Sie für Ihre Wohlfühltrance in der häuslichen Umgebung ausgewählt haben. Sie schließen Ihre Augen und lassen Ihr Anliegen mit allen Auswirkungen durch den Kopf gehen, damit sehr deutlich wird, aus welchem Grund Sie nun die Selbsthypnose durchführen möchten. Sie entscheiden sich für den gewünschten inneren Raum. Dann gehen Sie in Ihre Wohlfühltrance. Sie suchen den inneren Raum auf, der zur Bearbeitung des Problems am besten geeignet ist und schaffen damit die Grundstimmung für Ihr Gespräch mit dem Vorbewussten.

Nun lassen Sie Ihr Problem sehr bildhaft und lebendig vor Ihrem inneren Auge erscheinen, je intensiver und lebhafter das geschieht, umso deutlicher wird Ihre Botschaft verstanden. Dann bringen Sie Ihre Wünsche ein: Zusammenhänge für das Problem entdecken, Klarheit und Strukturen finden.

Zum Verständnis für Ihr Vorbewusstes übersetzen Sie das wieder in die Bildersprache. Damit Ihr Anliegen noch deutlicher wird, rufen Sie nun noch einmal die Stressempfindungen wach. Zum Abschluss zeigen dann die drei Wünsche »Zusammenhänge, Klarheit, Strukturen« noch einmal, was Sie im ersten Schritt erreichen möchten, um den Stress aus Ihrem Alltag zu entfernen.

Das klingt Ihnen alles noch viel zu kompliziert? Theorie macht immer ein wenig Angst. Aber ohne Zweifel werden Sie bei den weiteren Übungen entdecken, dass es immer leichter wird, die Selbsthypnose für sich zu nutzen. Und theoretische Klarheit schafft dafür die praktische Sicherheit.

Im Anschluss an diese Übung wird Ihr Vorbewusstes sich Ihres Änderungswunsches annehmen. Das kann anfangs zu vermehrten

Stresserscheinungen führen. Seien Sie dann bitte nicht überrascht. Der Stress wird Ihnen nur deutlicher bewusst. Gleichzeitig werden Sie aber immer deutlicher entdecken können, wo die Ursachen und Zusammenhänge für Ihren Stress zu finden sind. Und dann haben Sie die Möglichkeit, diese neuen Kenntnisse für Veränderungen zu nutzen. Denn Sie werden sich erinnern: Nur wenn man etwas ändert, ändert sich etwas. Ihr Vorbewusstes eröffnet Perspektiven, die Wahl müssen Sie selbst treffen.

Um die Stressbewältigungsaufgabe möglichst umfassend wahrzunehmen und dadurch die Erfolgsaussichten zu erhöhen, wird im Wechsel mit dem inneren Raum der Klarheit das Zimmer der Lösungen für die Selbsthypnose genutzt.

Sie liegen auf Ihrer Unterlage, die Augen sind geschlossen, und Sie lassen alle stressigen Situationen der letzten Tage wie im Zeitraffer an Ihrem inneren Auge vorbeigleiten.

Dann lassen Sie diese Bilder ziehen wie Wolken am Himmel und gehen den Weg in Ihre Wohlfühltrance. Sobald Sie spüren, dass Atmung ruhig und regelmäßig ganz von allein und von selbst geschieht, so dass sich mit jedem Atemzug Ruhe und Geborgenheit, Harmonie und Frieden immer weiter spürbar vertiefen, öffnen Sie die Tür zu Ihrem Lösungszimmer.

Dort sieht es bunt aus. Die Wände sind voller Zettel, Bilder, Malereien und Pinboards. Überall hängen, liegen oder entstehen gerade Lösungen. Das ist ein sehr lebendiger und kreativer Raum. Sie schauen sich um und sind froh, in einem solchen Raum zu sein, der so ungezählte Möglichkeiten bietet. Sie setzen sich auf einen großen, sehr breiten Bürostuhl in einem seltsam futuristischen Stil. Ungewöhnlich sieht er aus, aber er ist auch sehr bequem. Sie aktivieren die Wippmechanik und legen sich gelassen zurück. Und Ihr Blick fällt auf eine große schwarze Tafel an der Wand. »Aktuelles für die Lösungssuche« steht ganz oben an der Wand. Der Rest ist leer.

Sie erinnern sich, weshalb Sie in diesen Raum gekommen sind und heften nun Stresseindruck für Stresseindruck als Bild an diese Wand. Das gibt ein buntes Bild und Sie spüren in jedem Bild noch einmal, was dieser Stress für Sie bedeutet. Und darunter heften Sie den Wunsch: Sie möchten Lösun-

gen, damit endlich Ruhe in den Alltag einkehren kann. Dann schließen Sie die Augen dort auf Ihrem Stuhl und stellen sich in den herrlichsten Bildern vor, wie sich diese Ruhe in Ihrem Alltag auswirken wird. Sie genießen nun sogar die Arbeit, weil Sie ohne Hektik jede Aufgabe sorgfältig und in Ruhe lösen können. Der Umgang mit den Kollegen ist gelassen und freundlich. In der Familie herrscht wieder fröhliche Unbekümmertheit im Umgang mit den Kindern. Alle sind sehr froh. Und Sie setzen endlich die Pillen gegen den Bluthochdruck ab.

Diese Bilder genießen Sie aus ganzem Herzen, immer wieder, so intensiv es eben geht. Und Sie sind sich sehr sicher, dass es in diesem Zimmer Lösungen für Sie geben wird, vielleicht nicht gleich heute, aber morgen oder übermorgen. Mit Sicherheit. Und mit diesem Gefühl stehen Sie wieder aus dem Bürostuhl auf, verlassen das Zimmer und beenden Ihre Wohlfühltrance in einer angenehmen Weise.

Die Struktur dieser zweiten Selbsthypnose können Sie nun bereits ohne Erläuterung erkennen. Als zusätzliches Element wurde die Vorstellung des »erfüllten Wunsches« eingeführt. In jeder Selbsthypnose ist es hochwirksam, sich die ersehnte Veränderung in allen ihren Auswirkungen bildhaft vorzustellen.

Für Menschen, die eher unter milden Stresssymptomen leiden, wäre eine solche zweigeteilte Wechselübung vielleicht gar nicht erforderlich. Diese »leichten Fälle« von innerer Hektik ließen sich mit guter Aussicht auf Erfolg durch eine einfachere Selbsthypnose positiv beeinflussen.

Sie liegen angenehm sicher auf der vertrauten Unterlage, genießen es bereits, Schritt für Schritt weiter und tiefer in Ihre Wohlfühltrance einzutauchen und spüren, wie angenehm es ist, wenn Ruhe und Geborgenheit sich immer weiter vertiefen. Wie aus der Ferne spüren Sie, dass Stress sich nähert. Sie erinnern sich an die Unruhe, die Hektik, das klopfende Herz und Sie wünschen sich von ganzem Herzen, dass es Ihnen gelingen möchte, die Tür zu Ihrem Inneren verschlossen zu halten, so dass Stress und Hektik dort keinen Einlass finden. Und Sie bitten Ihr Vorbewusstes sehr intensiv, Ihnen dabei zu helfen und genau jene »Werkzeuge« zu vermitteln, die Sie dafür brauchen. Dann lehnen Sie sich zurück und genießen die Ruhe tief innen, denn der Stress bleibt draußen.

Sie erinnern sich dann daran, dass Sie »Werkzeuge« finden möchten, um die Tür im Alltag vor Stress zu sichern, und mit diesem Gedanken wenden Sie sich dann Schritt für Schritt in aller Ruhe wieder nach außen.

Leichter Stress ist mit einer einfacheren Selbsthypnose zu bekämpfen. Aber der Wunsch allein und die Bitte an das Vorbewusste werden es auch dort nicht richten. Die Suche nach Möglichkeiten, diese Änderungen einzuleiten, und deren Umsetzung werden aber viel leichter und selbstverständlicher umzusetzen sein, mit Sicherheit.

Kopfschmerzen

Die Grenzen zwischen »einfachen« Kopfschmerzen, Spannungskopfschmerzen und Migräne verwischen sehr oft. Und den Betroffenen ist es auch ziemlich gleichgültig, welchen Namen man diesem quälenden Zustand gibt. Von großer Bedeutung ist allein, wie man diese Schmerzen lindern oder verhindern kann.

Während Sie es sich auf der Unterlage bequem machen, fällt es Ihnen nicht leicht, sich an das Dröhnen im Kopf zu erinnern. Denn eigentlich sind Sie sehr froh, dass dieser lästige Begleiter gerade einmal nicht bei Ihnen zu finden ist. Aber wie alles beginnt, wissen Sie sehr gut: Die Muskeln verspannen sich, der Kopf wird schwer, dann kommt der Druck von außen, ein Reifen wird immer fester gezogen, das Auge wird für Licht sehr empfindlich und alles blendet, dann schmerzt der Kopf pulsierend, und schließlich dröhnt und hämmert der Schmerz wie ein Presslufthammer.

Sie sind heilfroh, dass Ihnen der Schmerz im Moment nicht zu schaffen macht, schließen Ihre Augen und gleiten entspannt und sicher in Ihre Wohlfühltrance. Besonders angenehm entdecken Sie dabei, dass Arme und Beine, der ganze Körper, so sicher auf der Unterlage zu spüren sind. Ein Gefühl ist das, wie nach dem Schwimmen, wenn man aus dem Becken steigt und diese wohlige Schwere den Körper durchzieht. Sie atmen tief und betreten dann Ihr inneres Zimmer der Klarheit.

Dieser Raum ist in sehr kühlen Farben gehalten, weil Sie aus Erfahrung wissen, dass Kühle Ihre Schmerzen wirksam lindert, wenn der Kopf zu platzen droht. Minzgrün könnte man den Ton wohl nennen. Das Licht ist klar und doch gedämpft, weil das den Augen wohltuende Entspannung bringt. Die Luft im Raum ist klare, kalte Winterluft, wie man sie sonst nur an einem frostigen Tag im Freien finden kann. Sie atmen tief ein und tief aus und lassen jede Zelle des Körpers von kühler Klarheit durchströmen.

Dann erinnern Sie sich daran, warum Sie heute in diesen Raum gekommen sind, und lassen die Gedanken um bohrende Schmerzen kreisen, bis die Muskeln im Nacken spannen. Das ist Ihr Zeichen zum Wechsel. Und Sie richten wieder die Aufmerksamkeit auf die klare Raumgestaltung, atmen wieder tief ein und tief aus, lassen wieder die Zellen kühl durchströmen und spüren, wie Schmerzen dieser Klarheit weichen.

Das wiederholen Sie noch so zwei- oder dreimal, so wie es gut und richtig für Sie ist. Und dann beenden Sie die Übung mit einem sehr dankbaren und freudigen Gefühl, dass in Ihrer Mitte so ein Raum zu finden ist, der Ihnen immer zur Verfügung steht.

Ein paar Minuten verweilen Sie noch so, bevor Sie den Raum verlassen und die Tür sorgfältig schließen, damit die kühle Klarheit nicht verloren geht. Dann wenden Sie sich wieder ganz dem Körper zu, atmen sehr bewusst tief ein und aus, strecken wieder alle Glieder kraftvoll und mit viel Elan und öffnen dann die Augen wieder, um den Tag weiter schmerzfrei zu genießen.

Die Wirksamkeit dieser Übung besteht schwerpunktmäßig in der Schmerzlinderung und Schmerzbekämpfung, und man kann sie auch während einer Kopfschmerzattacke einsetzen. Es wird etwas Übung erfordern, sich von den Schmerzen zu lösen und in die Selbsthypnose zu gehen. Mit zunehmender Sicherheit wird es dann aber gelingen, Schmerzmittel deutlich zu reduzieren oder überflüssig zu machen.

Um gar nicht erst in eine solch schmerzhafte Lage zu kommen, empfiehlt sich die folgende Übung. Sie kann wieder im Wechsel mit der ersten durchgeführt werden. Sie können nach Bedarf auch in einem Verhältnis vier zu eins üben oder nach den eigenen Vorstellungen, je nachdem, wie Sie die Schwergewichte setzen wollen.

Die zweite Übung dient vor allem der Ursachenbehebung solcher Kopfschmerzen.

Der Platz auf der Liege ist Ihnen nun schon gut vertraut Und es fällt Ihnen leicht, den Alltag zu visualisieren. Dabei geht es Ihnen nicht um diesen ganz im Allgemeinen. Sondern Sie suchen Situationen, die Ihnen Spannungen bereiten. Immer dann ist das der Fall, wenn Sie Termindruck spüren, wenn Sie noch mehr Leistung erbringen möchten als wirklich gefordert wird, wenn Sie streng mit sich ins Gericht gehen und wenn Gelassenheit für Sie zum Fremdwort wird.

Diese Gedanken ziehen durch den Kopf, wenn Sie entdecken, dass die Wohlfühltrance immer weiter und tiefer eine angenehme Ruhe verbreitet, jede Muskelfaser löst sich gelassen, der Kopf ist frei und klar, nichts stört mehr, immer weiter und tiefer tauchen Sie ein und nähern sich dann der Tür zum Raum der Fragen. Denn Sie wissen, dass Lösungen nur findet, wer die richtigen Fragen stellt. Ohne Problem keine Lösungen, und ohne Fragen eben keine Antworten, das war ja schließlich schon immer so.

Ihr Zimmer der Fragen ist fast wie ein Gerichtssaal gestaltet, sachlich und mit dem dort üblichen Mobiliar. Die Nüchternheit lässt keinen Platz für Emotionen, hier wird Klartext geredet und hier wird nach Ursache und Wirkung gefragt. Daran lässt der Raum nicht den geringsten Zweifel.

Das Thema lautet: fehlende Gelassenheit und völlig überhöhter Anspruch.

Das Ziel lautet: gelassene Sicherheit und auch einmal »Alle Fünfe gerade sein lassen«. Ziel und Thema stellen Sie dort einfach in den Raum.

Sie freuen sich darauf, dass Ihr Vorbewusstes nun bald die richtigen Fragen stellen wird, damit Sie dann endlich die richtigen Antworten finden können.

Denn darauf ist sicher Verlass: dass Sie Ihre Arbeit hundertprozentig machen. Vielleicht möchten Sie noch eine Zeit mit offenen Sinnen dort verweilen und vielleicht auch schon die eine oder andere Frage mit in das wache Bewusstsein nehmen. Aber eines haben Sie in diesem Raum ja schon gelernt: Alles braucht seine Zeit, und was Ihr Vorbewusstes heute nicht mitteilen mag, das wird es sicher in den nächsten Tagen klar und deutlich Schritt für Schritt vermitteln.

Beide Aufgaben sind zusammen ein wirkungsvolles Doppel im Einsatz gegen Ihre Schmerzen. Aber natürlich sind sie wieder nur ein Beispiel, und es steht Ihnen wie immer offen, eigene Fragen und eigene Wege zu gestalten. Und ohne jede Frage ist es auch möglich, zwei ganz andere Zimmer für die Verabschiedung der lästigen Schmerzen in Betracht zu ziehen.

Allergien

Die allergischen Reaktionen können den betroffenen Menschen das Leben auf fast unbegrenzte Art sehr schwer machen. Bei den leichten Formen verspürt man vielleicht ab und an eine leichte Hautrötung, die Augen tränen in bestimmten Situationen oder man niest ein paar Mal kräftig.

Heuschnupfen wirkt sich da schön ärger aus und schränkt die Lebensqualität von Februar bis Oktober sehr ein. Immer ist die Nase verstopft, die Augen sind verquollen, und wenn man gar durch eine Lindenallee geht und gegen die Pollen diese Baumes allergisch ist, kann das bedrohliche Formen annehmen. Auch asthmatische Erkrankungen können durch Allergien gegen Hausstaub oder Milben mit ausgelöst werden. Großflächige und juckende, nässende Hautekzeme lassen den Erkrankten weder tagsüber noch nachts eine Minute der Ruhe und Erholung. Auch Nahrungsmittelallergien kommen nicht selten vor und können dann Durchfälle oder Bauchkrämpfe auslösen.

Selbst Depressionen sollen manches Mal auch allergischen Ursachen zugeordnet werden können.

Seit es die Erkenntnisse der Psychoneuroimmunologie gibt, sind Zusammenhänge zwischen allergischen Reaktionen und der Seele nicht mehr von der Hand zu weisen. Deshalb sind Selbsthypnosen bei Allergien oft ganz besonders von Gewinn. Da ihr Erscheinungsbild so vielfältig ist und weil Allergien sich im Verlauf sehr hartnäckig zeigen, wird hier als Beispiel eine Hauterkrankung angeführt, die mit den bereits beschriebenen großflächigen Entzündungen einhergeht.

Sie sitzen auf Ihrem gemütlichen Selbsthypnosestuhl und haben nur ein kühles Laken über den Körper gelegt, weil dann der Juckreiz etwas weniger zu spüren ist. Und Sie sind sehr froh, dass Sie mit der leisen Musik im Hintergrund genau jene Ablenkung gefunden haben, die Sie Ihren Weg in eine tiefe Wohlfühltrance noch immer sicher finden lässt. Sie lauschen den Klängen von Weite und Klarheit, spüren, wie sich Ihre Seele auf die Reise in ein fernes Land begibt, ein Land, wo Harmonie und Frieden herrschen, wo alles seltsam ruhig und dabei kühl zu finden ist, wo man sich endlich wohlfühlen kann in der eigenen Haut.

Und Sie suchen Ihr Zimmer der Gesundheit auf. Dort herrscht eine Atmosphäre der Geborgenheit und Sicherheit, in diesem Raum fühlt man sich einfach gut aufgehoben, alles ist zweckmäßig und offen gestaltet, die Wände sind in einem hellen Weiß gehalten, und in der Mitte des Zimmers befindet sich eine große Liege, die verstellbar ist. Sie heben die Kopfstütze ein wenig an, gerade so, dass Sie bequem und sicher darauf liegen können. Dann decken Sie Ihr Laken ab und strecken sich auf dieser Liege aus. Sie schauen an die Decke, denn dort hängt eine Lampe mit einer ganz besonderen Strahlungsenergie. Es ist ein helles, klares Licht, das aus dieser Lampe gesendet wird. Auf der Haut spüren Sie diese angenehme Kühle und wissen, dass diese Strahlen heilsam sind. Ein ganz wunderbares Gefühl ist das. Sie schließen Ihre Augen und genießen für eine Viertelstunde diese Heilungsenergie, denn das ist genau Ihre Bestrahlungszeit. Damit das Liegen Ihnen nicht zu lange wird, stellen Sie sich dabei in den wunderbarsten Farben vor, wie herr-

lich es sein wird, künftig eine glatte, kühle und geschmeidige Haut zu genie-
ßen. Dieses Bild prägt sich Ihnen tief und unvergesslich ein.

Dann schalten Sie die Lampe aus, erheben sich von der Liege, ziehen Ih-
re leichte Kleidung an und gehen aus dem Gesundheitsraum wieder in Ihre
Wohlfühltrance zurück. Dort können Sie dann in vertrauter Art diese
Selbsthypnose beenden und, wann immer Sie es möchten, die Augen wieder
öffnen.

Diese Vorstellung aktiviert in ausgesprochen wirkungsvoller Weise
Ihre Abwehrkräfte, senkt die Entzündungsreaktionen und repariert
die Hautschäden. Das geht natürlich auch hier nicht an nur einem
Tag. Aber stetes Üben wird Erfolge zeigen, das ist sicher. Sollten bei
Ihrer Allergie ganz andere Symptome im Vordergrund stehen, dann
wird im Gesundheitszimmer eine andere Visualisierung von Nutzen
sein.

Zwei weitere Übungen können bei Allergien sehr hilfreich sein,
denn die erste Selbsthypnose wendet sich mehr an das jeweilige
Symptom als an die Veränderung der dahinter stehenden Spannungsfelder.

Um diesen Hintergründen auf die Spur zu kommen, gehen Sie in
gewohnter Weise in Ihre Wohlfühltrance und betreten dann den
Raum der Fragen. Denn auch bei Allergien können erst Fragen den
Weg zu den Antworten öffnen.

Sie stellen als aktuelles Thema Ihre von der Allergie betroffenen Organe
in den Raum. Ihr Vorbewusstes wird dann dafür sorgen können, dass sich in
den folgenden Tagen genau die betreffenden Fragen stellen, die wichtige Ant-
worten darauf finden lassen, warum gerade die Haut oder die Lungen oder
der Darm von den allergischen Veränderungen betroffen sind.

Dann verkürzen Sie sich die Wartezeit in diesem Zimmer mit der Vor-
freude und der Neugierde darauf, im Anschluss an die Fragen die Suche
nach den Antworten zu beginnen.

Und Sie können auch schon die Konsequenzen dieser Arbeit im Voraus
genießen: Denn wo neue Sicherheiten wachsen, verschwinden Allergien sehr
spürbar schnell!

Dann verabschieden Sie sich in der Ihnen angenehmen Art wieder aus dem Zimmer der Fragen, beenden Ihre Trance und freuen sich auf den weiteren Tag, der Ihnen vielleicht schon die eine oder andere interessante Frage beschert.

Diese Aufgabe wird in der Folge Klarheit über Zusammenhänge und Spannungsfelder bringen. Damit zeigen sich dann erste Perspektiven, um dem Übel an die Wurzel gehen zu können.

Die nächste Aufgabe in diesem Zusammenhang stellt weitere Hinweise zu dem seelischen Anteil der Allergien zur Verfügung, die Sie für Änderungen berücksichtigen können, falls Sie das denn möchten.

»Wir leben in einer schnelllebigen Zeit, die kaum noch Werte kennt.« Das geht Ihnen vielleicht so durch den Kopf, während Sie die Augen schließen, sich nach innen wenden und spüren, wie sich das auswirkt. Dann gehen Sie in das Zimmer von Wunsch und Wirklichkeit. Dort werden Unterschiede deutlich zu erkennen sein, wie immer Sie das Zimmer auch gestalten. Und Sie denken darüber nach, wie wichtig es Ihnen ist, sich von all den gesichtslosen anderen Menschen zu unterscheiden, Ihr Profil nach außen ganz besonders darzustellen.

Vielleicht ist Kleidung Ihnen dabei wichtig, vielleicht spielt eine Philosophie dabei eine Rolle, vielleicht ist das Sozialverhalten dabei so, dass Unterschiede zu allen anderen deutlich werden sollen. Sie werden es selbst am besten wissen. Und Ihnen gehen Bilder durch den Kopf, die Ihr Bemühen in diesem Zusammenhang verdeutlichen. Wie viel Kraft geht Ihnen so verloren: In Wirklichkeit ist dieser Anspruch ohne viel Belang, wird Ihnen plötzlich klar. Denn Ihr Vorbewusstes stellt so schon die Weichen. Und Sie verstehen auf einmal, dass gerade Ihr Bemühen um eine besondere Stellung es ist, die Sie mit allen anderen auf eine Stufe stellt. Erst wer lernt, sich so genug zu sein, wie er nun einmal ist, der ist wahrlich dann etwas Besonderes und unterscheidet sich von vielen anderen, wenn das denn Ihr Kriterium noch bleiben soll. Das alles geht Ihnen im Zimmer von Anspruch und Wirklichkeit immer wieder durch den Kopf. Dann haben Sie es irgendwann verstanden und spüren im Zimmer, dass Anspruch und Wirklichkeit nun deckungsgleich zu finden sind. Dankbarkeit erfüllt Sie nun, dass Ihr Vorbewusstes so schnell und klar die Botschaft schickte, die Allergien nun im Alltag künftig das Fürchten lehren wird. Mit diesem Gedanken und den Fragen, wie Sie das im Alltag umsetzen wollen, verlassen Sie mit Sicherheit den Raum, der Ihnen so viel vermittelt hat. Dann beenden Sie in aller Ruhe Ihre Wohlfühltrance und spüren eine unsagbare Erleichterung, dass nun viel Kraft und Aufmerksamkeit für andere, wirklich wichtige Dinge zur Verfügung stehen wird. Denn Entscheidungen haben ja nun einmal Konsequenzen.

Ob Sie diese oder andere Selbsthypnoseübungen für sich nutzen wollen, wird sich schnell entscheiden. *Aber Allergien werden auf die Art in jedem Fall nichts Besonderes mehr für Sie sein.*

Schlafstörungen

Vielen Menschen wird die folgende Situation nicht unbekannt sein:
    Man legt sich spät am Abend ziemlich erschöpft und todmüde ins Bett, um erholsam schlafend die Nacht zu verbringen. Aber stattdessen geschieht eine seltsame Wandlung. Durch die eben noch träge dämmernde Aufmerksamkeit ziehen nun frisch und fröhlich die abenteuerlichsten Gedanken, als hätte der Wunsch zu schlafen sie geradezu geweckt. Nach kurzer Zeit ist man hellwach, und Schlaf rückt sehr weit in die Ferne. Erst wälzt man sich nur hin und her, dann steht man vielleicht auf und trinkt ein Glas warme Milch mit Honig oder ein Glas Bier. Eine Stunde nach Mitternacht hält es einen wieder nicht im Bett und man schaltet das nächtliche Fernsehprogramm ein. Aber was sonst am Tag so oft ermüdend wirkt, macht zur Nacht erst richtig munter. Deshalb muss ein Buch herhalten, um den ersehnten Schlaf nun endlich einzuleiten. Aber auch dieser Versuch schlägt meistens fehl. »Schäfchenzählen« oder um den Häuserblock zu laufen haben sich noch nie bewährt bei Ihnen. Der Blick auf die Uhr zeigt den kleinen Zeiger auf der »3« des Zifferblattes. Und langsam schleicht sich Panik ein: »Ich muss aber zur Ruhe kommen, wie sonst soll morgen der Tag zu schaffen sein?

Und überhaupt muss man doch irgendwann einmal abschalten können! Ich halte das nicht länger aus!« Verzweifelt schaut man wieder auf die Nachttischuhr. Und irgendwann so gegen vier fällt man in einen traumlosen Erschöpfungsschlaf, den der Wecker drei Stunden später schrill beendet. Im Badezimmer möchte man dann am liebsten den Spiegel verhängen. Und erst Stunden später fühlt man sich zwar immer noch müde, aber dem Leben in gewisser Weise wieder gewachsen. Das Bett sucht man am Abend eher mit bangen Gefühlen auf und hofft, dass sich die vergangene Nacht nicht wiederholen möge.

Störungen des Schlafes können viele Hintergründe haben. Deshalb ist es hilfreich, das Problem aus möglichst vielen Perspektiven anzugehen.

Um die Erholungsdefizite auszugleichen, eignet sich natürlich ganz besonders gut ein Besuch im Ruhezimmer.

Für Menschen mit Schlafproblemen ist es besonders angenehm und erfolgreich, sich über die Wahrnehmung des Körpers in den Raum für Ruhe zu begeben, denn davor steht ja die Wohlfühltrance, die es zu durchschreiten gilt. Also machen Sie es sich nun wirklich so gemütlich, wie es irgend möglich ist, Kissen helfen vielleicht noch dabei oder eine warme Kuscheldecke. Dann schließen Sie die Augen in dem Wissen, dass mit dem Schließen der Augen die Zuwendung nach innen immer sicher möglich ist. Sie erinnern sich daran, dass je tiefer die Wohlfühltrance, desto leichter der Schlaf zu finden ist und prägen sich das fest und sicher ein. Dann spüren Sie Ihren Arm auf der Unterlage sicher und in manchen Teilen schwer, die Hand ist warm, und irgendwie liegt er sehr ruhig und angenehm, der Arm.

So nehmen Sie Arme und Beine, Rücken und den Bauch wahr und können dann sehr wohltuend entdecken, dass Atmung ruhig und regelmäßig ganz von allein und von selbst geschieht und dass sich ruhig und regelmäßig Ruhe und Geborgenheit, Harmonie und Frieden immer weiter vertiefen. Und Sie gleiten auf diese Weise so weit und so tief in Ihre Wohlfühltrance, dass es Ihnen fast schwer fällt, nun den Raum der Ruhe zu betreten. Aber dort ist alles noch ein wenig besser, dort sind Sie dann wirklich sicher. Denn im Raum der Ruhe ist alles geschützt und niemand wird Sie dort in irgendeiner Weise stören können. Das ist sicher und das wissen Sie. Und deshalb können Sie nun wortwörtlich loslassen, sich lösen und immer weiter tiefer eintauchen und genießen. Alles sonst verliert völlig an Bedeutung. Und es ist ganz einfach mühelos, hier sicher Ruhe zu finden. Sie bleiben so lange in diesem Zimmer, bis Sie spüren, dass es Zeit wird, sich wieder anderen Dingen zuzuwenden. Das kann zehn Minuten dauern oder dreißig, das ist ganz egal. Sie ruhen dort von allem aus, bis die innere Uhr Sie wieder weckt, so wie es gerade gut und richtig für Sie ist. Dann machen Sie in Gedanken die Augen wieder auf, schauen voller Dankbarkeit und sehr gelassen noch einmal Ihr Zimmer der Ruhe an und wissen, dass Ihnen dieser Raum immer zur Verfügung steht, selbst nachts, wenn Sie es möchten.

Dann wenden Sie sich sehr gut erholt wieder nach außen und erinnern sich daran, dass Defizite nun wieder ausgeglichen sind.

Und genau dafür ist diese »einfache« Selbsthypnose hervorragend geeignet. Allerdings wird sie auch in anderer Form das Vorbewusste beeinflussen und Schritt für Schritt den Schlaf wieder als gewohnte Selbstverständlichkeit in den Alltag einführen.

Mit der nächsten Übung ist es möglich, sich wieder an die Selbstverständlichkeit und Mühelosigkeit vergangener Tage zu erinnern, als man sich um Schlaf überhaupt nicht kümmern musste. Welches Zimmer Sie dafür in Anspruch nehmen möchten, können Sie selbst entscheiden, denn es wären einige geeignet: Raum der Klarheit, Zimmer der Erinnerungen, Raum für Lösungen.

Sie beginnen mit der vertrauten Trance, suchen Ihr Zimmer der Wahl auf und eröffnen Ihre Unterhaltung mit dem Vorbewussten:

Sie entdecken dabei, dass man sich im Leben um sehr viele Dinge kümmern muss. Bildhaft gehen Ihnen alle möglichen Situationen durch den Kopf, die mit Pflichten, Entscheidungen oder Engagement für Sie verbunden sind. Sie spüren intensiv, wie gefangen Ihre Gedanken durch diese In-

172

anspruchnahme sind, so dass selbst in der Nacht keine Ruhe einkehren
kann.
  Sehr deutlich erleben Sie dieses Gefühl. Dann fällt Ihnen rechtzeitig
ein, dass es ja auch unendlich viele Dinge gibt, um die man sich eben
überhaupt nicht kümmern muss, weil sie ganz von allein und von selbst
geschehen. Die Atmung beispielsweise, Sonnenaufgang und Sonnenunter-
gang, Ebbe und Flut, Tag und Nacht oder Regen und Wind. Das ist ein
beruhigendes Gefühl und Sie spüren, wie sich die Fesseln der Pflicht ganz
langsam wieder lösen. Und dann erinnern Sie sich, wie es früher auch bei
Ihnen war. Man legte sich abends müde ins Bett und erwachte nach einem
tiefen Schlaf am Morgen sehr erholt und munter. Und vor Ihrem inneren
Auge sehen Sie sich dann als Kind, das nach all den Eindrücken des Ta-
ges abends glücklich und zufrieden sein Bett aufsucht, die Augen schließt
und schläft, ganz einfach so, denn über Selbstverständliches denkt ja nun
einmal niemand länger nach. Und Schlaf geschieht ja nun einmal ganz
von allein und von selbst. Am Morgen springt das Kind sehr lebendig aus
dem Bett und ist sehr neugierig, was der Tag so alles zu bieten haben wird.
Wie Sie dieses Bild genießen können! Sie erinnern sich so sehr genau, als
wären Sie gerade jetzt das Kind, und eine tiefe Freude erfüllt Sie. Sie
können sich gar nicht lösen von diesen Bildern und beschließen, sie mit
aus Ihrem Zimmer und Ihrer Trance zu nehmen, damit Sie sich diese Bil-
der immer wieder betrachten können, wenn es nötig ist zu wissen, dass
Schlaf ganz von allein und von selbst geschieht, so dass man sich darum
dann gar nicht erst bemühen muss. Wer Erinnerungen in der eigenen Mit-
te sicher zu finden weiß, kann Schlaf von Stund an einfach für immer ver-
gessen. Denn wer kümmert sich schon darum, ob es Ebbe wird oder Flut?
Das alles geht Ihnen durch den Kopf, als Sie sich wieder nach außen wen-
den.

Ihr Vorbewusstes wird mit dieser Übung sehr gezielt und effektiv
gebeten, Ihren Körper und Ihre Seele wieder auf die Selbstverständlichkeit von Schlaf im Tagesablauf aufmerksam zu machen, damit Sie
die Nacht auch wieder sicher zur Erholung nutzen können.
  Eine häufige Ursache für Schlaflosigkeit besteht darin, dass
Menschen nicht »abschalten«. Damit ist gemeint, dass eine Tren-

nung zwischen der Arbeitsphase des Tages und der Ruhephase zur Nacht nicht deutlich vollzogen wird. Das hat viele verschiedene Hintergründe. Unabhängig von diesen kann die nachfolgende Übung dabei helfen, diesen Unterschied wieder klar zu machen.

Vielleicht möchten Sie dabei einmal stufenweise in Ihre Wohlfühltrance hineingehen? Das bietet Ihnen die Möglichkeit, schon auf dem Wege dorthin zwischen Bewegung und Verweilen zu wechseln und dabei Unterschiede zu entdecken. Sie haben ja bereits vorher gewählt, welches Zimmer Sie aufsuchen wollen, und Sie kennen auch sehr genau den Grund dafür.

Nun gehen Sie Schritt für Schritt ein paar Stufen auf der Treppe in die Trance. Dann kommt eine Plattform. Dort verweilen Sie für einige Momente, so lange, bis Sie spüren, dass Sie das Innehalten deutlich wahrnehmen können. Dann gehen Sie wieder ein paar Stufen weiter bis zu einer nächsten Plattform. Von Bedeutung ist es immer, den Unterschied zwischen dem Treppensteigen und dem Ausruhen auf der Plattform klar zu spüren. An einem gewissen Punkt erreichen Sie so eine sehr tiefe Wohlfühltrance, in der Sie nun ein paar Minuten verweilen können.

Dann betreten Sie den Raum des Abschieds. Da es sich ja nicht um einen Trauerfall handelt, sondern um den Abschied vom Tag und die Begrüßung des Schlafes, werden Sie Ihr Zimmer entsprechend gestalten. Zuerst gehen Sie einige Zeit durch den hellen, aktiven, fröhlichen und kreativen Teil. Dort schauen Sie sich noch einmal alle Aktivitäten des Tages an. Sie genießen jede Handlung, freuen sich darüber, dass Sie alles erledigen können, das auf der Tagesordnung steht. Dann spüren Sie, dass die meisten Aufgaben erledigt sind, denn es wird zunehmend ruhiger in diesem Raum, und das, was bleibt, hat Zeit bis zum nächsten Morgen, das ist sehr sicher. Sie gehen deshalb zur Zwischentür jener Wand, die dieses Zimmer in zwei Teile trennt. Sie öffnen die Tür und verharren kurz: Noch einmal gehen Ihnen schlaglichtartig alle freudig erledigten Arbeiten durch den Sinn, Sie sind sehr zufrieden mit dem Pensum und Ihnen ist zweifelsohne klar, dass alles andere bis zum nächsten Tag warten kann. Dann gehen Sie durch die Tür und schließen Sie fest zu. Das zweite Zimmer ist etwas abgedunkelt, sehr warm in den Farben und ein unglaublich gemütlicher Diwan steht mitten im Raum, Decken liegen bereit und Kissen. Sie machen es sich dort bequem und nutzen alle Möglichkeiten, dann schließen Sie die Augen und spüren wieder dieses herrliche Gefühl in Ihrer Mitte, dass Sie allen Aufgaben gerecht geworden sind, so dass Ihnen nun dort im Raum die Ruhe wahrlich und ohne jeden Zweifel auch ganz sicher zusteht. Sie atmen wunderbar tief ein und aus, der Tag bleibt draußen im Nebenzimmer, hier herrscht Ruhe und sonst nichts. Und die nehmen Sie nun auch mit großem Recht für sich in Anspruch. Ganz hinten irgendwo wissen Sie auch, dass es morgen neue Aufgaben geben wird und freuen sich darauf. Denn morgen ist ein neuer Tag.

Dann haben Sie die Wahl, ob Sie am Abend einfach weiter schlafen möchten, bis dieser nächste Tag Sie weckt, oder ob Sie es vorziehen, nach einer angemessenen Ruhephase Ihre Sinne wieder nach außen zu orientieren.

Diese Selbsthypnose greift die dritte Komponente von Schlafstörungen auf und ist ganz sicher von großer Wirksamkeit. Für andere Anteile werden Sie ohne Zweifel auch Ihre eigenen Aufgaben zusammenstellen können.

Depressionen

Über Depressionen haben Sie schon eine Menge erfahren können. Und sicher ist daraus klar ersichtlich geworden, dass eine schwere Depression zwar unterstützend sehr gut mit der Selbsthypnose zu behandeln ist, aber sonst in therapeutische Betreuung gehört.

Bei dem vielschichtigen Krankheitsbild ist für Ihre Übungen sehr von Bedeutung, welche Beschwerden im Vordergrund stehen. Fühlen Sie sich vor allem müde, deprimiert, abgeschlagen, ohne jeden Antrieb und mit wenig Lebensfreude, steht zunächst die seelische Stabilisierung zum Ausgleich im Vordergrund. Das ermöglicht oft schon viele andere Perspektiven. Fühlen Sie besonders Ihren Selbst-

175

wert schwinden und erleben Sie Ihre Arbeit immer mehr als sinn-loses Ritual, wird der Schwerpunkt Ihrer Selbsthypnose auf dem Entdecken neuer oder alter Wertigkeiten und Interessensgebiete liegen.

Und stehen körperliche Symptome in der ersten Reihe Ihrer Be-schwerden, kommt es darauf an, eben diesen Körper wieder als ge-sund, wohltuend und leistungsfähig zu erleben, und das mit Sicher-heit. Sie werden deshalb zu jedem »Teilgebiet« ein Angebot zur Selbsthypnose finden können.

Und sicher regen diese Vorschläge Sie auch wieder an, eigene maßgeschneiderte Lösungen zu entdecken.

Wer sich am Tage häufig ziemlich elend fühlt und nur mit Mühe seinen Aufgaben gewachsen ist, wird es als sehr wohltuend empfinden, einmal al-les hinter sich zu lassen, um in der eigenen Mitte Ruhe und Geborgen-heit, Harmonie und Frieden zu entdecken. Und Sie können sich vorab bei jedem Mal entscheiden, ob Sie mit der Selbsthypnose tatsächlich nur ein-mal für einige Zeit »abschalten« möchten oder ob es Ihnen vielleicht auch schon darum gehen kann, hier und da ein wenig Lebensfreude zu entde-cken, nicht zu viel und nicht zu schnell, das ist schon klar, aber vielleicht doch und eben überhaupt! Mit solchen Gedanken gehen Sie weiter und tiefer in Ihre Wohlfühltrance, wobei für Sie vor allem anderen wichtig ist, dass dabei alles andere für einige Zeit völlig an Bedeutung verliert und ab-solut gleichgültig wird. Denn Sie erinnern sich bei jedem Atemzug daran, dass je tiefer die Wohlfühltrance, desto klarer Ihre Sicht zu finden ist. Und Klarheit bringt ja Sicherheit. Sie bleiben einige Zeit dort, bis Sie sich dem Zimmer der Klarheit anvertrauen möchten. Schon beim Betreten des Rau-mes spüren Sie, wie herrlich es ist, wenn keine Gedanken von draußen Ih-re Sicht behindern, in dem Raum ist nur, was wirklich nötig ist. Die Far-ben sind aber sehr warm und liebevoll ist die Liege in der Zimmermitte für Sie bereitet. Sie machen es sich darauf bequem und freuen sich irgendwie, wie Sie das schon ein klein wenig genießen können. Ihr Blick geht nach oben an die Decke.

Dort findet sich ein mittelgroßer Monitor. Das Licht verdunkelt sich ein wenig, fast wie im Kino. Und dann sehen Sie Bilder und Gefühle auf

dem Schirm. Kurz flimmert der Titel über den Schirm: »Die wahren
Werte« lesen Sie. Dann sehen Sie Ihre Kinder dort oben spielen, Sie
winken Ihnen zu und Sie spüren, wie wertvoll Ihnen diese Zuneigung
ist. Dann kommt ein Blick in Ihr Zuhause, das Sie in vielen Jahren liebe-
voll gestalten konnten. Und Ihnen wird auf einmal klar, dass ohne Sie
das gar nicht möglich wäre: das Zuhause, die Kinder. Ein Gefühl der
Wärme durchflutet Sie bei dem Gedanken daran, dass Sie die Seele von
all dem Ganzen sind. Und Sie sind froh, dass Ihr Leben so einen wirk-
lichen Sinn bekommen hat, wie man ihn sonst nur selten findet.
Dann zeigt sich Ihr Partner dort oben auf dem Schirm, der Ihnen lange
und unverbrüchlich all die Jahre verbunden war. Und Sie sind glücklich
zu sehen, dass gerade beständige Liebe in ihrem Wert nicht zu ersetzen
ist.

Da erscheint die Zukunft auf dem Schirm mit neuen Bildern. Tief in der
eigenen Mitte spüren Sie, dass alte Werte von Bestand in Ihrem Leben blei-
ben werden.

Dann verdunkelt sich der Schirm. Noch einmal gehen Ihnen diese Bilder
durch den Kopf und noch einmal genießen Sie dieses Gefühl, dann verlassen
Sie für heute das Zimmer der Klarheit wieder und beenden in Ihrem Tempo
Ihre Wohlfühltrance. Irgendetwas hat sich jetzt verändert, und Sie spüren
das, nur so ganz genau können Sie es nicht beschreiben. Aber gut zu spüren
ist es allemal.

Mit diesem »Angebot« erhalten Sie die Möglichkeit, Leistung und
Werte in Ihrem Leben wieder zu entdecken, die vielleicht über die
Jahre verloren gegangen sind. Denn was immer zur Verfügung steht,
nimmt man mitunter nicht mehr angemessen wahr und es verliert
dann seinen Wert. Wer seine Augen auf solche Art und Weise öffnet,
wird diesen Inhalt wieder zu schätzen wissen und seine Lebensfreude in kleinen Schritten neu entdecken.

Wer körperliche Beschwerden vor allen anderen depressiven Symptomen zu erdulden hat, wird im Raum der Gesundheit seine Sicherheit finden können. Dorthin gelangt man, wenn die Wohlfühltrance sicher in der Mitte zu spüren ist. Dort auf der Liege fühlt

man sich sehr sicher, auch wenn Bequemlichkeit nicht das Haupt-merkmal der breiten Unterlage ist.

Sie schließen Ihre Augen und hören eine sehr feste und sichere Stimme, die Ihr absolutes Vertrauen besitzt. »Mit Ihnen ist alles in Ordnung und daran gibt es keine Zweifel. Alle Organe sind völlig gesund und das ist jetzt bewiesen.« Sie spüren eine eindrucksvolle Sicherheit bei diesen Worten. Alle Untersuchungen der letzten Monate ziehen vor Ihrem inneren Auge vorbei, und immer war das Ergebnis: ohne krankhaften Befund.

»Ihre Organe aber haben Ihnen etwas mitzuteilen, das von großer Bedeu-tung ist. Schauen Sie deshalb selbst einmal, wann welches Organ welche Mitteilungen an Sie macht.« Und Sie erinnern sich genau, welche Be-schwerden in welchem Zusammenhang zu finden sind. Organ für Organ teilt sich Ihnen so auf diese Weise mit, und dann verstehen Sie die Sprache endlich: Das Herz rast immer dann, wenn Sie eigentlich Erholung möchten, aus »Rücksicht« aber Arbeiten für andere machen. Der Bauch kneift, wenn Sie Ungerechtigkeiten »schlucken«, ohne sich zur Wehr zu setzen. Manches bleibt auch noch im Dunkeln, aber klarer ist es nun in jedem Fall, dass Symptome eine Hilfe sind, die auf Missverständnisse und Spannungen hin-weist, weil man sie sonst übersehen hätte.

Mit dieser Klarheit kommt die Sicherheit. Und Sie entschließen sich, im Alltag nun darauf zu achten, was die Körpersprache Ihnen Wichtiges zu sa-gen hat.

Noch einmal zieht wieder alles schnell in Gedanken vorbei, Bilder, Ge-fühle, Erkenntnisse und klare Sicherheit. Dann haben Sie im Zimmer der Gesundheit an diesem Tag genug erfahren und verlassen dankbar diesen Raum. Ihre Wohlfühltrance beenden Sie wie immer, aber Ihnen steht nun die Sicherheit zur Seite, wenn Sie das wache Bewusstsein wieder übernehmen.

Voraussetzung für diese Übung ist selbstverständlich, dass alle organi-schen Ursachen für die Beschwerden ausgeschlossen sind. Nur dann kann man sich wirklich sicher sein, dass Symptome Wege weisen.

Für das Entdecken neuer Wertigkeiten oder Inhalte ist das Zimmer der Kreativität ausnehmend gut geeignet, weil Phantasie und Mög-lichkeiten dort ohne alle Grenzen sind.

Vielleicht möchten Sie heute einmal auf eine völlig neue Art Ihre Basistrance finden, um sich schon bei den ersten Schritten auf Ihre kreative Selbsthypnose einzustimmen. Sie erinnern sich daran, dass dieses in besonderer Weise eine Stärke Ihres Vorbewussten ist, und sind neugierig und voller Freude, auf welche Art es Sie Ihr Körper heute erleben lässt. Natürlich hängt das auch von Ihren Wünschen ab, eben so, wie es gerade gut und hilfreich ist. Zu gegebener Zeit klopfen Sie dann an die Tür des inneren kreativen Zimmers. Sie fühlen sich immer noch ein wenig unsicher dort, obwohl es extra so gestaltet ist, dass Unordnung den Raum bestimmt. Und so ist es eben völlig anders als in dem realen Leben, wo alles seinen Platz und seine Ordnung hat. In der Mitte des Zimmers steht der große Schaukelstuhl. Zuerst interessiert Sie die Vergangenheit. Allerlei Zettel fliegen bei dieser Vorstellung durch den Raum, es sind Notizen aus einer Zeit, als Universität und Campus noch Ihre Welt bestimmten. Sie greifen sich einen, der in der Nähe ist, und erkennen darauf Notizen zu Ihrem Lieblingsstudienfach. Weit gehen die Gedanken zurück, und dann fragen Sie sich, ob die Faszination sich wohl auch heute wieder an der Lehranstalt spüren lässt. In jedem Falle sind Sie aber froh, diesen längst vergessenen Zettel wieder entdeckt zu haben. Dann gehen Ihnen noch einige andere Gedanken zu Ihren Zielen und Inhalten aus jener Zeit durch den Kopf, und manche erscheinen Ihnen dabei aktueller denn je. In dieser Stimmung wenden Sie sich der Gegenwart zu, auch da gibt es dieses und jenes, das Ihr Interesse weckt und für das im Alltag bislang keine Zeit vorhanden war. »Das wird sich nun sehr sicher ändern«, denken Sie und prägen sich die Bilder ein. Denn vorne rechts winkt schon die Zukunft mit zahlreichen Bildern und Ideen. Töpfern und Malen, das war doch immer schon ein Traum von Ihnen, in jedem Fall ein bisschen schöpferisch die künstlerischen Fähigkeiten für den Hausgebrauch zu nutzen. Auch das Schreiben oder Musizieren könnte in Ihrem Leben einen großen Platz einnehmen, wenn nun im neuen Lebensabschnitt Raum dafür ist.

Fast benommen sind Sie nun von all den Eindrücken, Ideen und Perspektiven, und deshalb beschließen Sie, dieses Zimmer nun häufig wieder zu besuchen, um dort endlich einmal Kreativität nach Herzenslust zu genießen. Mit diesem Vorsatz geht es dann zurück in Ihre äußere Wirklichkeit, nachdem die Wohlfühltrance beendet ist.

So macht das Leben wieder einen Sinn, mit solchen Perspektiven. Und das spüren Sie.

Angst

Die vielfältigen Erscheinungsbilder der Angst haben Sie schon recht ausführlich kennen gelernt. Und Sie wissen längst, dass Sie der Angst mit Sicherheit so richtig »Beine machen« können.

Wenn Sie zu den Menschen gehören, deren Ängste sich mehr im Organbereich manifestiert haben, werden Sie die Notaufnahmen der Krankenhäuser und die umliegenden Ambulanzen wahrscheinlich schon gut kennen. Trotz aller guten Vorsätze und einer strahlenden Sicherheit nach jeder Untersuchung durch einen Arzt wird es immer wieder zu Einsätzen durch die Notrufzentrale kommen. Denn obwohl ihr »Kopf« weiß, dass alle Organe in Ordnung sind, lässt Ihr »Bauch« jede »Herzattacke« oder jede Atemnot zu einer lebensbedrohlichen, akuten Erkrankung wachsen. Es ist die Angst, die Ihnen dann in den Gliedern und Organen sitzt. Und an manchen Tagen schmerzen deshalb sogar die Gelenke so stark, dass man sich kaum bewegen kann. Angst hat eben viele Gesichter.

Auch in der Seele ist die Angst ein Meister der Tarnung. Immer taucht Sie wieder in sehr unterschiedlichen Kostümen auf. Einmal ist es nur das leichte Unbehagen, dann macht sich deutlich die Unruhe breit oder allgemeine Hektik bestimmt für einige Zeit das Empfinden.

Manchmal kommt die Angst als Orientierungslosigkeit, man verliert den Bezug zur Zeit, zum Ort oder zu seinen eigenen Gedanken. Das irritiert oft schon erheblich die Grundsicherheit und weckt sogar die Panik. Und wenn es richtig heftig kommt, glaubt man oft

»durchzudrehen« oder den »Verstand zu verlieren«. Solchen Momenten ist man ohne fremde Hilfe oder ohne den Einsatz von Medikamenten nur selten gewachsen. Und irgendwann hat man dann schon Angst vor der Angst. Sie kennen das vielleicht.

Bei ausgeprägter schwerer Angst ist es deshalb meistens erforderlich, therapeutische Hilfe in Anspruch zu nehmen, um die Orientierung wieder zu finden. Selbsthypnose wird aber auch dann zusätzliche Perspektiven und Lösungen eröffnen.

Besondere Sorgfalt erfordert bei Angstpatienten die Wahl ihres Trancezuganges. So ist es möglich, dass gerade für Menschen mit organischen Symptomen der Einstieg über den Körper und das Erspüren der einzelnen Regionen besonders zu empfehlen ist. Sie erinnern sich daran! Denn wo man sich sicher auf der Unterlage spürt, überträgt sich das auch auf das organische Empfinden. Es ist aber auch möglich, dass Ihr Körper bereits so von Angst besetzt ist, dass jede Wahrnehmung in diesem Bereich zur Auslösung von Panikattacken führt. Dann ist es hilfreich, einen anderen Zugang in die Wohlfühltrance zu wählen. Probieren schafft auch hier die Sicherheit. Wer sich in engen Räumen nicht so gut fühlt, der wird dann natürlich auch den inneren Raum weit und offen gestalten. Aber das haben Sie ganz sicher längst gelernt! Auf sicherem Boden wächst Gelassenheit und Selbsthypnose liefert die Wärme und das Licht.

Stellen Sie sich einmal einen Jahrmarkt vor, einen Jahrmarkt, wie es ihn früher einmal gab, mit allerlei Gerüchen und Musik, die man schon aus der Ferne wahrnehmen konnte. Es war geheimnisvoll dort, eine Mischung aus Abenteuer, Verbotenem, aus Faszination und Abstoßendem, so dass einem Schauder nach Schauder über den Rücken lief. Immer war dort ein Gruselkabinett zu finden mit allerlei Raritäten. Dann gab es Frau Mira, die in ihrem Wohnwagen die Zukunft weissagte. Und immer trat da auch der starke August auf. Der ließ sich mit Ketten, Fesseln und mit Schlössern so eng einschnüren, dass er kaum noch atmen konnte. So, wie man das aus seinen Ängsten kennt, diese Enge, dieses Ausgeliefertsein. Jemand hängte einen

181

Umhang darüber, ein Junge trommelte einen Wirbel auf seinem Instrument, und mit einem einzigen Ruck sprengte der starke August seine Ketten, dass alles zu Boden fiel. Er warf den Umhang ab und konnte nun endlich wieder völlig frei und tief atmen. Was für ein Gefühl war das, frei und tief die Luft in den Lungen zu spüren. Die Ängste waren schnell gewichen und an ihre Stelle war die Sicherheit getreten. Von so einer Freiheit kann man gar nicht genug empfinden. Versetzen Sie sich nur einmal in die Lage dieses starken Augusts und sprengen Sie alle Fesseln, dann werden Sie verstehen, was ich meine. Wenn Sie alle Ketten fallen sehen und die Sicherheit und Freiheit spüren, schauen sie noch einmal auf den Boden, wo alles sichtbar ist, was Sie bis dahin so eng einschnüren konnte. Voller Dankbarkeit können Sie dann das Zimmer und die Wohlfühltrance wieder verlassen.

Diese Übung wird Ihnen auch in akuten Fällen von Angst die Weite wieder geben können. In sehr bedrohlichen Situationen, die weniger Zeit für Konzentration und Zuwendung nach innen lassen, empfehlen sich die folgenden beiden Übungen:

Sie schließen einfach Ihre Augen und lassen dieses furchtbar enge Gefühl, das Sie einzuschnüren droht und Ihnen den Atem nimmt, für einen kurzen Augenblick deutlich spürbar werden, dann wenden Sie sich ohne jeden Übergang einem Bild zu, das für Sie den Inbegriff von Weite und Offenheit darstellt. Erst geht der Blick über das Meer bis zum Horizont, dann atmen Sie die würzige Luft, die nach Freiheit riecht und lauschen dem Wind, der von fernen Ländern erzählt. Mit allen Sinnen nehmen Sie dieses Gefühl sehr intensiv wahr. Sie genießen so für einige Minuten. Dann »schauen Sie einmal nach«, ob die Enge noch irgendwo zu entdecken ist. In diesem Fall nehmen Sie für einen kurzen Augenblick auch diesen Eindruck wieder zur Kenntnis, wenden sich dann aber sofort erneut der Weite zu. Diesen Wechsel wiederholen Sie so lange, bis die ängstliche Enge das Weite sucht. Dann genießen Sie den Blick über das Meer noch genau so intensiv, wie es für Ihr Empfinden richtig ist und beenden dann die kurze Trance.

Für Menschen, die mehr auf den Farbsinn ansprechen, ist im Notfall auch die andere kurze Übung geeignet. *Dafür ist es erforderlich, sich bei*

182

einer Angstattacke nach dem Schließen der Augen einmal eine Farbe vorzu-
stellen, die genau das ausdrückt, was Ihnen die Angst vermittelt. Das kann
ein dunkles Grauschwarz sein oder ein tiefes Lila oder ein völlig anderer
Farbton. Dann erinnern Sie sich an eine Situation, in der Sie sich sehr wohl
gefühlt haben, gelassen, voller Sicherheit und Zuversicht. Und auch dafür
stellen sie sich wieder eine Farbe vor, die Sie intensiv vor dem inneren Auge
entstehen lassen. Im Anschluss wechseln Sie wieder zur Angstfarbe, auch
wenn es nicht so leicht fallen wird. Und nun lassen Sie diese von der Gelas-
senheitsfarbe langsam übertönen. Dabei spielt es keine Rolle, ob die Sicher-
heit von oben langsam nach unten über die Angst zu laufen beginnt, ob sie
aus der Mitte der Angst hervorbricht und sich gleichmäßig nach allen Seiten
ausbreitet, oder ob zuerst kleine Punkte der Sicherheit mitten in der Angst
entstehen. Schauen Sie einmal selbst, wie es für Sie am besten ist. Auch die-
se Übung wiederholen Sie so lange, bis die Angst verschwindet.

Beim ersten Mal wird diese Aufgabe am schwersten umzusetzen
sein, weil Sie Ihre Farben erst entdecken müssen. Bei jeder weiteren
Übung wird es leichter fallen und nach einigen Wochen haben Sie
ein absolut sicheres Instrument gegen kurze Angstattacken ständig
zur Hand.

Wenn es Ihnen nicht genügen sollte, wirkungsstarke Mittel zu ent-
wickeln, sondern Sie vielmehr das Übel bei der Wurzel packen
möchten, dann kann die nächste Perspektive dabei helfen.

Sie werden allerdings nicht direkt und sofort Hinweise erhalten,
sondern im Regelfall wird Ihr Vorbewusstes Ihre Aufmerksamkeit
durch Ereignisse, Personen oder Gedanken in eine bestimmte Richtung lenken. Es liegt dann an Ihnen, diese Hinweise auszuwerten. So
wäre es möglich, dass Sie immer deutlicher entdecken, dass Sie Ihren Arbeitsplatz wechseln möchten, obwohl er Ihnen eine gewisse
Sicherheit bietet. Oder Ihr Vorbewusstes macht Sie vermehrt auf
Defizite in Ihrer Beziehung aufmerksam. In beiden Fällen liegt es
dann an Ihnen, abzuwägen, ob sich an den bestehenden Verhältnis-
sen etwas in der gewünschten Richtung neu ordnen lässt, oder ob es
erst die Verbesserung Ihrer Spannungsfelder bedeuten würde, wenn

Sie Grundsätzliches ändern. Dieser Prozess kann sich ein paar Wochen hinziehen, es gilt deshalb mit Geduld und Gelassenheit aufzuwarten.

Sie liegen in Ihrem sehr speziellen Zimmer, das genau für die eine Aufgabe geschaffen worden ist. Sie liegen in einem Auto der Zukunft. Diese Autos sind sehr bequem, man muss sich um gar nichts mehr kümmern. Ihre nicht bewussten Sehnsüchte und Wünsche werden das Ziel eingeben. Sie lehnen sich genüsslich zurück und sind neugierig, welchen »Ort« Sie erreichen, ein wenig ängstlich vielleicht auch. Und genau deshalb treten Sie immer dann leicht auf die Bremse, wenn Sie diesem Ziel zu nahe kommen, und Sie spüren dann die Angst. Angst ist eine wirkungsvolle Bremse. Dann erinnern Sie sich daran, dass die Autos der Zukunft absolut sicher sind, in einem solchen Fahrzeug kann Ihnen nichts passieren, Sie sind absolut geschützt. Deshalb trauen Sie sich einfach irgendwann auf Ihrer Reise und nehmen den Fuß von der Bremse. Gleichmäßig fährt das Auto nun dahin, und Sie schauen interessiert aus dem Fenster. Alles scheint nur so vorbeizufliegen, aber irgendwie spüren Sie, wohin die Fahrt jetzt geht. Als Sie endlich das Ziel der Reise erreichen, ist es draußen schon dunkel. Sie bedauern sehr, dass Sie so gar nichts sehen können und bitten Ihr Vorbewusstes, Ihnen dafür im Alltag des wirklichen Lebens Hinweise auf diesen Ort zu geben. Dann fahren Sie mit dem Auto zurück, steigen aus, und als Sie den inneren Raum wieder verlassen, nehmen Sie sich vor, auf jedes Zeichen im Alltag zu achten, um den geheimnisvollen Platz zu finden, den Platz, an dem die Ursache für Ihre Angst zu finden ist. Denn wer das Übel bei der Wurzel packen will, muss mitunter weite Wege machen. Der Erfolg wird dann sehr deutlich spürbar sein, denn Entscheidungen haben ja Konsequenzen.

Jeder Angst liegt eine Ursache zugrunde, das ist sicher. Wer mit Klarheit und Sicherheit Schritt für Schritt, in aller Ruhe, aber konsequent auf die Suche geht, wird ohne Zweifel Hintergründe finden. Das Ausmaß der wirklich erforderlichen Änderungen bestimmen Sie dann selbst. Mitunter ist man überrascht, wie sehr es die kleinen Veränderungen sind, die Großes bewirken können auf dem Weg zurück in die Sicherheit ganz ohne Angst.

184

Übergewicht

Kennen Sie jemanden, der mit seinem Körpergewicht und seiner Figur zufrieden ist? Mit diesem Thema gehen die meisten Männer zwar deutlich unkritischer um als viele Frauen, aber so richtig glücklich sind mit ihrem Gewicht insgesamt nur sehr wenige Menschen. Eine große Rolle spielt dabei natürlich der Zeitgeist, und wenn der nahezu magersüchtige Normen setzt, senkt schon jeder Normgewichtige vor dem Spiegel betreten seinen Blick.

Dabei hat die Medizin bereits seit langem festgestellt, dass Körpergewicht in weiten Grenzen als »normal« zu definieren ist und gesundheitliche Schäden wirklich erst bei massivem Übergewicht zu erwarten sind.

Schon aus diesen Gründen sollten Sie genau überlegen, aus welchen Gründen Sie sich tatsächlich von »überflüssigen« Pfunden trennen möchten. Wenn nur die Nachbarin dieser Meinung ist, Sie seien zu dick, oder die Schwiegermutter wünscht sich eine magersüchtige Frau für ihren Sohn, wenn Sie nur die Models in der neuesten Modezeitschrift nachahmen wollen, dann macht das Abnehmen wenig Sinn. Körper und Seele werden sehr schnell bemerken, dass es nicht wirklich Ihr Wunsch und Ihr Wille ist, von nun an für immer Ihre Ernährung umzustellen. Die Aussicht auf langfristigen Erfolg ist dann nur sehr gering. Die wichtigste Entscheidung treffen Sie also, bevor Sie auch nur ein Gramm abgenommen haben.

Natürlich gibt es viele gewichtige Gründe, warum Sie sich von Ihrem Übergewicht trennen sollten: ständiges Unwohlsein, körperliche Unbeweglichkeit, Atemnot bei kleinster Belastung, der Bauch als stabiles Hindernis, morgendliche Schuldvorwürfe wegen fehlendem Durchhaltevermögen bei der Diät, unzählige erfolglose Diäten mit Jojo-Effekt, fehlende Lebensfreude, Verlust der Lust, Angst vor der Öffentlichkeit, Selbstwertverlust, wabernder Gang, Herzinfarkt, Zuckerkrankheit, Bluthochdruck, Gelenkbeschwerden, Wirbelsäulenschäden, hohe Blutfettwerte, Durchblutungsstörungen oder Stoffwechsel-Erkrankungen.

Alle diese Gründe reichen aber nicht aus, wenn Sie nicht der vollen Überzeugung sind: Es reicht!

Zu diesem Zeitpunkt, und keinesfalls früher, sollten Sie zu Selbsthypnosekonzepten greifen. Und Ihr Übergewicht sollte mehr als zehn Kilo betragen, denn in gewohnter Weise hilft Hypnose auch ganz besonders dann, wenn die Aufgabe eine große ist.

Der zweite Schritt zum Erfolg ist unabdingbar wichtig: Entfernen Sie bitte alle, aber wirklich alle Bücher über Diäten, Abnehmen, Kalorientabellen und Sonderkostformen aus Ihrem Umfeld. Vielleicht möchten Sie einen Nachbarn damit beschenken oder einen Flohmarkt beschicken. Es ist alles recht, nur bei Ihnen haben solche Druckwerke zukünftig nichts mehr verloren.

Mit dieser zweiten Entscheidung haben Sie die Erfolgsleiter schon ein weiteres Stück erklommen, denn die wichtigsten Weichen sind nun gestellt. Vielleicht möchten Sie zusätzlich noch Ihre Bewegungsabläufe optimieren? Nur in Ausnahmefällen ist der Entschluss, nun endlich regelmäßig Sport zu treiben, von langer Dauer. Sie kennen das: Einmal ist es zu heiß, dann wieder ist es zu kalt, dann sind Sie müde, dann haben Sie Kopfschmerzen, und natürlich haben Sie auch gar nicht immer Zeit. Und das stimmt auch so. Deshalb macht es Sinn und den Pfunden mächtig Beine, wenn Sie einfach die vorhandenen Abläufe nutzen. Beim Einkaufen gehen Sie nun schneller als gewohnt; die Treppen laufen Sie gut zu Fuß, auch wenn der Fahrstuhl wartet; das Bücken, Drehen oder Heben bei der Arbeit bekommt etwas mehr Schwung; am Wochenende verlängern Sie den Spaziergang um die Hälfte der üblichen Strecke, und auch sonst bietet der Bewegungsalltag reichlich Gelegenheit, dem Stoffwechsel auf die Sprünge zu helfen. Wenn dabei fast unbemerkt die Kondition noch wächst, muss das ja nicht von Nachteil sein!

So wird sehr deutlich, dass Erfolg Ihnen vor allem dann beschieden ist, wenn Sie vorhandene Möglichkeiten nutzen. Klarheit bringt die Sicherheit, und Entscheidungen haben Konsequenzen. Den Kühlschrank füllen Sie zunächst in der gewohnten Weise. Es geht also nicht darum, bewusst das Essverhalten zu verändern. Das haben Sie schon oft genug mit wenig dauerhaftem Erfolg versucht. Geben Sie Ihrem Körper eine Chance, selbst herauszufinden, mit welchen Speisen und Genüssen er das Körpergewicht reduzieren möchte.

So ist es natürlich möglich, dass Sie schon kurze Zeit nach Ihrer Arbeit mit der Selbsthypnose viel weniger Appetit haben und damit Ihren eigenen Weg entdecken. Es ist auch möglich, dass Ihnen urplötzlich oder nach und nach Gemüse und Obst immer besser munden und dass die Fette eher im Kühlschrank bleiben. Vielleicht schmeckt Ihnen künftig Mineralwasser viel besser, so dass die beliebte Limonade dafür missachtet wird.

In jedem Fall wird Ihr Vorbewusstes Ihrem Körper genau den richtigen, Ihren ureigenen Weg weisen, um dauerhaft lästige Pfunde zu entlassen. Dafür braucht es natürlich ein wenig Zeit. Am Morgen nach der ersten Selbsthypnose werden nur in den unwahrscheinlichsten Fällen weniger Kilos zu finden sein. Es hat sich ja noch nicht wirklich etwas dauerhaft verändert. Hören und spüren Sie einfach aufmerksam in die Bedürfnisse Ihres Körpers hinein und folgen Sie seinen »Anweisungen«. Erst wenn diese Signale deutlich wahrzunehmen sind und sich von Dauer zeigen, sollten Sie Ihre Einkäufe darauf abstellen. So wird die Änderung der Essgewohnheiten zur Konsequenz Ihrer eigenen Bedürfnisse. Und das macht einen gewaltigen Unterschied. Erfolg wird aus den eigenen Bedürfnissen gemacht. Sie zwingen nicht Ihren Bedürfnissen Veränderungen auf, sondern ändern die Essgewohnheiten nach den Bedürfnissen. Das hört sich nicht nur anders an, Sie werden den Unterschied auch auf der Waage entdecken können.

Für diese Veränderungen zahlen Sie nur einen sehr bescheidenen Preis: Konsequenz in der Umsetzung Ihrer Bedürfnisse und regelmäßiges Selbsthypnosetraining. Es ist hilfreich und sinnvoll, die Übungen täglich, dreitägig oder wöchentlich zu wechseln, ganz nach Geschmack, wie beim Essen!

Sie wissen ja: Der Ausgangspunkt für jede Selbsthypnose ist immer Ihre Wohlfühltrance. Schließlich betreten Sie das Zimmer Ihrer Wahl, und dort machen sie es sich dann wieder außerordentlich bequem. So eignet sich für diese Übung der Raum der Klarheit oder der Raum der Entscheidungen.

Und dann dürfen Sie einige Meter auf dem Weg der Harmonie von Körper und Seele gehen. Das ist ein gut befestigter Weg, die Sonne scheint, alles ist voller Ruhe und Sicherheit dort. Sie genießen das sehr, denn so wohl haben Sie sich schon lange nicht mehr gefühlt. Dann kommen Sie an eine Weggabelung. Links beginnt der Pfad der alten Möglichkeiten und Gewohnheiten. Den gehen Sie Tag für Tag schon lange. Immer schwerer wurde dabei der Körper, immer ungelenker die Bewegungen, immer kürzer der Atem und immer geringer die Lebenslust, immer größer die Scheu vor anderen Menschen und immer mehr wuchs die Resignation, diesen Körper jemals wieder zu verändern. Diesen Weg gehen Sie nun bitte einmal bis ans Ende, erleben Sie genau und intensiv, wie sich das weiter auf Ihren Körper und Ihr Befinden auswirkt, bis in die kleinsten Dinge des Lebens hinein. Und Sie gehen diesen Weg bis zu seinem Ende.

Dann wenden Sie sich dem rechten Teil der Gabel zu. Das ist der Weg der neuen Möglichkeiten. Dort können Sie all jene Eigenschaften nutzen, die aus der Vergangenheit für Sie auch in der Zukunft hilfreich sind. Aber Sie gehen jetzt völlig neue Wege. Essen ist kein Selbstzweck mehr und schon längst auch kein Ersatz, Sie folgen nur noch den eigenen Bedürfnissen, und die werden klar in Richtung Beweglichkeit, Wohlfühlen, Genießen, Lebenslust und Gesundheit ausgerichtet sein. Ein tolles Gefühl ist es, zu betrachten, wie sich das in Ihrem Leben täglich bemerkbar machen wird. Auch diesen Weg gehen Sie bitte bis zu seinem Ziel. Dann setzen Sie sich an die Stelle, an der Ihr Weg sich spaltet, und nehmen Sie sich einen Moment der tiefen Ruhe und der Klarheit. Und erst wenn das so spürbar ist, entscheiden Sie ein für allemal, welchen Weg Sie künftig mit Sicherheit und Überzeugung gehen möchten, völlig ohne Zweifel.

Entscheidungen haben sicher Konsequenzen. Es ist sehr angenehm, täglich zu erkennen, dass das Gewicht schmilzt und die Persönlichkeit wächst. Mit einem solchen Gefühl verlassen Sie Ihr Zimmer wieder, verabschieden sich aus Ihrer Wohlfühltrance und wenden sich schließlich wieder der Außenwelt zu.

Diese Grundübung ist zur Festigung des eigenen Entschlusses von erheblicher Bedeutung, deshalb ist es hilfreich, sie über einige Zeit anzuwenden.

Der nächste Schritt besteht darin, den Erfolg in der Vorschau zu genießen. Damit wird Ihr Vorbewusstes in besonderer Weise auf Ihren Wunsch hingewiesen und wird sich deshalb auch in besonderer Weise darum kümmern. Vielleicht bringt es Ihnen Klarheit, erst die Übung zu lesen, und sich danach für ein Zimmer zu entscheiden, in dem Sie arbeiten möchten?

Heute haben Sie die Möglichkeit, eine Freundin zu treffen, die sehr viel Ähnlichkeit mit Ihnen hat. Genau genommen ist sie fast wie eine Zwillingsschwester. Der einzige Unterschied zwischen Ihnen beiden ist allein, dass Ihre Freundin schon den Weg gegangen ist, den Sie nun gehen möchten: Sie ist genau so schlank und beweglich, wie Sie es in einigen Wochen sein werden. Man sieht ihr an, wie glücklich und zufrieden sie mit ihrem Leben ist und wie sehr sie der Erfolg verändert hat. Diese Freundin dürfen Sie nun einmal treffen an einem Ort, der frei zu wählen ist: im Café vielleicht, bei einem Spaziergang oder in Ihrem inneren Zimmer. Die Freundin wird Ihnen erzählen, wie sie diesen Weg gegangen ist, welche Probleme es vielleicht gegeben hat, aber vor allem, wie sie ihnen allen gewachsen war. Tag für Tag fiel es ihr leichter und sie spürte besonders morgens immer intensiv: Abnehmen macht beweglich und frei. Und sie war unbändig stolz, es sich und allen Zweiflern nun endlich gezeigt zu haben: Die Persönlichkeit wächst und das Gewicht schmilzt täglich.

*Aber hören Sie einmal selbst, was die Freundin aus ihrem neuen Leben berichten kann. Und stellen Sie anschließend zusammen eine Liste auf, eine **Genussliste**, auf der Zeile für Zeile steht, was Sie ganz besonders genießen möchten, wenn die lästigen Pfunde Sie verlassen haben. Es ist ein wunderbares Gefühl, sich endlich in seinem Körper wieder wohl zu fühlen, die Bewegung zu genießen und eine völlig neue Freiheit zu entdecken. Wenn Sie Zeile für Zeile, Bild für Bild und Gefühl für Gefühl sehr detailliert erleben konnten, wird es Ihnen leicht fallen, sich mit großer Dankbarkeit von der Freundin zu verabschieden, weil sie Ihnen einen großen Schritt weiterhelfen*

konnte auf Ihrem eigenen Weg. Und ebenso leicht werden Sie sich dann wie-
der mit der Wahrnehmung nach außen wenden können.

Eine weitere wichtige Aufgabe besteht darin, sich innerlich mit großer Überzeugung von der eigenen Entscheidung ein Bild zu machen, das sich dem Vorbewussten in seiner Sprache vermitteln lässt.
Sie werden die Aufgabe wiedererkennen können.

Auch lästige Begleiter sind vertraute Begleiter. Vor allem aber sind solche
Zeitgenossen ausgesprochen anhänglich. Denn wer sich jahrelang bei Ihnen
wohlfühlen konnte, wird nur schwer von einer Trennung zu überzeugen sein.
Auch überflüssige Pfunde machen darin keine Ausnahme. Deshalb ist es von
enormer Bedeutung, sich ein Bild davon zu machen, welche von ihnen Sie
ein für allemal verabschieden möchten. Zu diesem Zweck lassen Sie Pfund
für Pfund einmal in einer langen Reihe Aufstellung beziehen. Es sollte dabei
sehr klar sein, an welcher Stelle Ihres Körpers sie vorher zu finden waren.
Drei Pfund kommen vielleicht aus der Oberschenkelgegend rechts, vier aus
dem Taillenbereich, einige andere aus dem Bauchgebiet und wieder solche aus
dem Rücken. Sie werden dann auch sofort die Erleichterung spüren, welche
die Trennung von Ihrem Körper Ihnen beschert. Ein unglaubliches Gefühl
ist das.

Und dann beginnt der offizielle Abschied: Per Handschlag trennen Sie
sich in aller Freundlichkeit, in aller Deutlichkeit und mit einer absolut über-
zeugenden Begründung von jedem Pfund aus Ihrer langen Reihe. Das kann
einige Zeit in Anspruch nehmen, denn die Damen und Herren Gewichte
sind zum Teil recht behäbig unterwegs. Aber gut Ding will Weile haben. Das
ist nun einmal so. Irgendwann ist es dann aber geschafft und Sie können er-
leichtert im wahrsten Sinne des Wortes die Konsequenzen dieses Abschieds
spüren.

Sie werden fast springend Abschied aus dem inneren Zimmer nehmen, be-
hände die Wohlfühltrance beenden und sich wundern, wie so schnell ein neu-
es Körpergefühl spürbar ist, nachdem Sie die Wohlfühltrance beendet haben.

Diese Übung kann im Wechsel mit den anderen oder in der täglichen Selbsthypnose sehr schnell erfolgreiche Veränderungen auslö-

sen. Lassen Sie sich überraschen! Zusammen steht Ihnen mit diesen Übungen ein Bündel von hochwirksamen Aufforderungen an Ihr Vorbewusstes zur Verfügung, mit denen es sicher gelingen wird, das Problem mit dem Übergewicht dauerhaft und wirklich authentisch zu lösen. Für sehr weit Fortgeschrittene kann man eine weitere Aufforderung hinzufügen: Lassen Sie sich im Rahmen einer selbst erdachten Aufgabe doch einmal von Ihrem Unbewussten zeigen, was wirklich hinter dem Gang zum Kühlschrank steckt. Ein Gefühl von Hunger ist es nur in den seltensten Fällen. Viel häufiger bedient man mit dem Essen zwischendurch eigentlich ganz andere Gelüste von sehr unterschiedlicher Art: Abbau von Wut, Hilfe bei Frust, Defizite im erotischen Bereich, Protest oder Belohnung, um nur ein paar Beispiele zu nennen. Wer sich einmal auf die Suche macht, wird mitunter überraschende Entdeckungen machen.

Rauchen

Die Liebhaber des blauen Dunstes wissen es meistens aus der eigenen Erfahrung:

Es ist sehr leicht, mit dem Rauchen aufzuhören. Denn am nächsten Tag fängt man ja immer wieder damit an. Und deshalb steht am Anfang vom Ende der Nikotinsucht wieder einmal die Entscheidung: Gibt es wirklich ausreichend viele Gründe, die Zigarette aus dem Leben zu verbannen? Jeder kennt die Argumente der Ärzte nahezu auswendig. Die Lunge wird geschädigt, das Herz erhält weniger Sauerstoff, die Gefäße werden belastet, das Blut verdickt sich und in der Folge drohen Lungenbläschenerweiterung mit Atemnot, Lungenkrebs, Herzinfarkt, Gefäßverschlusskrankheit mit Amputationen von Gliedmaßen, Schlaganfälle oder Embolien.

Das alles schreckt einen leidenschaftlichen Raucher offensichtlich aber nicht ab.

Morgendliche Unpässlichkeit wie das Abhusten größerer Schleimpartikel, der weitgehende Verlust des Geruchssinnes oder des Geschmacks sind in diesem Zusammenhang auch nicht von anhaltender Wirkung, und der kalte Rauch im Zimmer oder die Ausdünstungen der Kleidung werden ebenso billigend in Kauf genommen oder gar nicht mehr bemerkt.

Im Hintergrund schleicht aber meistens das »schlechte Gewissen« herum und erinnert daran, dass Rauchen eben doch sehr schädlich ist, auch wenn man seine Augen und Ohren davor verschließt. Dabei macht Rauchen natürlich auch einen Heidenspaß. Man saugt diesen blauen Qualm in seine Lungen, tief, bis in die Lungenspitzen, spürt, wie das Nikotin ins Blut schießt, und atmet dann langsam und genüsslich aus. Versonnen betrachtet man dabei den kräuselnden Rauch der Zigarette. Und je nachdem, wie gerade die Grundstimmung ist, beruhigt dann das Nikotin oder es stimuliert. Und das hat medizinische Gründe. Denn diese Substanz wirkt auf beide »Nervenarten«, die dämpfenden und die belebenden. Außerdem lässt es sich beim Rauchen so herrlich träumen, man geht geradezu in eine kleine Trance, fühlt sich stark oder geborgen, lebendig und kreativ. Und natürlich ist die Zigarette auch Ersatz für zahlreiche andere Bedürfnisse, die man gerade zu dem Zeitpunkt nicht befriedigen kann, für die man »jetzt erst einmal eine raucht«.

Wer mit dem Rauchen wirklich Schluss machen möchte, tut gut daran, die Vertreter beider Seiten zu kennen. Dann erst kann man sein Vorbewusstes bitten, die eine oder andere »Fraktion« zu stärken, um sein Ziel dann sicher zu erreichen. Und welche Gründe können es wohl am Ende wirklich sein, die Sie davon überzeugen können, tatsächlich und mit tiefer innerer Überzeugung den »Glimmstängel« aus der Hand zu legen?

Natürlich ist es auch kein Geheimnis, dass man vorab in einer Übung sein Vorbewusstes um Hilfe bei der Suche nach den Gründen bitten kann. Wenn in diesem Punkt Klarheit herrscht, macht es Sinn, mit der Selbsthypnose für Ihren Abschied vom dem schädlichen und auch teuren Qualm zu beginnen.

Die Wahl des Einstiegs in Ihre Wohlfühltrance und des inneren Raumes haben Sie sicher vorab schon klar und deutlich treffen können. Sie können sich auf jeden Fall schon auf einen großen Genuss bei Ihrem Weg in die eigene Mitte freuen, denn endlich gibt es Rauchen ohne alle Grenzen. Deshalb machen Sie es sich auch wirklich so bequem, wie man es sich nur vorstellen kann, lehnen sich voller Erwartung zurück und schauen auf die rechte Seite. Dort steht ein kleiner runder Tisch, auf dem wie im Raucherparadies eine Riesenkiste voller Zigaretten zu finden ist. Daneben erblicken Sie einen Aschenbecher, der seinen Namen wirklich auch verdient, so viele Zigaretten-kippen kann er fassen. Streichhölzer liegen dort natürlich auch. Sie werden aber nur eines brauchen. Dann zünden Sie die erste Zigarette an, inhalieren tief und genießen in vollen Zügen, was der Rauch Ihnen so zu bieten hat. Und weil Sie so sehr gerne rauchen, geht die Glut fast bis an den Filter, als Sie die nächste Zigarette aus der Kiste nehmen, sie mit dem Rest der ersten entzünden und wieder tief und genussvoll inhalieren. Sie haben jetzt endlich einmal die Möglichkeit, fünfzig Zigaretten hintereinander und ganz ohne Pause zu genießen. Und diese Chance sollten Sie in jedem Falle nutzen, Zigarette für Zigarette, Stück für Stück mit weit geöffneter Lunge wirklich zu genießen. Und es wird Sie auch kaum irritieren können, dass irgendwann der Hals ein wenig rauer wird, die Schleimhäute beißen und sich eine leichte Übelkeit einstellen kann. Das ist nun einmal so, und ein echter Raucher wird sich darum wenig scheren. Sie rauchen bitte weiter bis zum Schluss. Erst wenn die fünfzigste Zigarette aus der Kiste zu Asche geworden ist, set-zen Sie sich langsam wieder auf. Spüren Sie einmal intensiv in Ihren Körper hinein, welche Signale er nach dem üppigen Angebot jetzt sendet. Atmen, Riechen, Schmecken, das Herz, die Lungen und Kreislauf, alles zeigt ganz sicher und spürbar Reaktionen. Im Anschluss treten Sie einmal vor die Tür, schauen sich den Himmel an. Weit ist der Horizont, und es weht ein leichter frischer Wind. Sie nehmen ein paar tiefe Atemzüge, riechen die würzige Luft, spüren, wie Sauerstoff und Energie durch Ihren Körper strömen, alle Organe nehmen begierig und voller Freude die Frische auf, und das genießen Sie. Dann kehren Sie noch einmal in das Raucherzimmer zurück. Die Luft ist dort noch fast »zum Schneiden dick«, der kalte Rauch steht wie Nebel im Zimmer. Auch hier atmen Sie nun noch einmal tief und verlassen dann den Raum der fünfzig Zigaretten.

In Ihrer Wohlfühltrance entscheiden Sie sich dann sehr sicher, wie Sie künftig mit der Zigarette verfahren möchten. Denn Entscheidungen haben ja

Konsequenzen. Und Entscheidungen, die mit Überzeugung aus der eigenen Mitte kommen, haben dauerhaft Bestand. Schon gleich nach der Übernahme des wachen Bewusstseins haben Sie dann die Möglichkeit ohne zu Zögern Ihren Entschluss in die Tat umzusetzen.

Diese Übung wird Ihnen helfen, auf verschiedenen Ebenen wirkungsvoll und zuverlässig Ihre Entscheidung umzusetzen. Setzen Sie diese Selbsthypnose deshalb auch wirklich nur dann ein, wenn Sie das Rauchen tatsächlich aufgeben möchten! Sonst trennen Sie sich am Ende noch fast unbemerkt und geradezu spielerisch von einer alten Gewohnheit und sind ganz überrascht, wie leicht es Ihnen gefallen ist!

Sehr angenehm und erfrischend kann es sein, nach der Wohlfühltrance das Zimmer der Genüsse aufzusuchen. Dort findet man alles, was die Sinneslust entfacht: köstliche Düfte, wie man sie noch niemals zuvor riechen konnte, erlesenste Speisen, die auf der Zunge unvergessliche Geschmacksnuancen aktivieren, und frische Luft, die würzig, klar und rein wie Kristall zu atmen ist. In einem solchen Zimmer sind die eigenen Wünsche und Bedürfnisse unbegrenzt. Und Sie haben die Möglichkeit, Ihren inneren Raum der Genüsse gleich zweimal zu betreten. Zuerst nach dem Rauchen der Zigarette, wie Sie das aus dem Alltag ja schon kennen: Riechen kann man nur noch wenig, alles schmeckt ganz ähnlich oder gleich, und die Atmung bringt nur wenig Frische. Genau so betreten Sie das Zimmer und erleben intensiv und konsequent, welche Folgen das auf die angebotenen Genüsse für Sie hat. Dann verlassen Sie den Raum, und in der Selbsthypnose gelingt dieses völlig ohne jede Mühe. Treten Sie dann mit frischem Atem, freier Nase und einem unverfälschten Geschmack noch einmal ein. Nehmen Sie sich Zeit, um alles köstlich zu genießen, berauschen Sie die Sinne.

Danach verweilen Sie in Ihrer Wohlfühltrance und lassen vor Ihrem inneren Auge alle kleinen und großen Genussangebote vorbeiziehen, die Ihnen Ihr Alltag ständig zu bieten hat. Und entscheiden Sie sich dann, wie Sie künftig mit diesen verführerischen Angeboten für Ihre Sinne umgehen möchten.

Diese Aufgabe legt den Schwerpunkt auf die Belohnungen für jeden Nichtraucher. Und es bereitet großes Vergnügen, wieder all jene Sinneseindrücke wahrzunehmen, die man als Raucher nicht mehr entdecken konnte. Der Abschied vom »blauen Dunst« gestaltet sich so wie eine Entdeckungsreise zu verlorenen Schätzen. Was ist dagegen schon eine Zigarette?

8. Schluss mit Trance – oder der Beginn?

Faszinierend ist die Welt der Trance und auch der **Hypnotherapie.** **Selbsthypnose** öffnet manche Tür zu dieser Welt des inneren Erlebens. Und in einem solchen Sinne haben die Kapitel dieses Buches einen Einblick gewähren können. Vielleicht haben Sie sich schon an dieser Stelle entschieden, welche Teile Sie davon in Anspruch nehmen möchten.

Eine seit langem aufgeschobene Therapie nimmt mitunter auf diese Weise ihren Anfang. Wenn Vorurteile der Klarheit weichen und der Gedanke an Ihre ungenutzten Ressourcen Sie neugierig und entschlossen macht, kann Hypnotherapie für Sie genau der richtige Weg sein. Denn Sie wissen inzwischen auch, dass diese Art des »Alltagscoachings« keine Zauberei ist, sondern ein gutes Stück gemeinsamer Arbeit. Und natürlich ist Ihnen klar, dass die Beispiele in diesem Buch nur Streiflichter sein können aus der persönlichen Arbeit des Autors. Aber Sie haben auch wichtige Orientierungspunkte gewinnen können und die Gewissheit, dass Hypnotherapie viele neue Perspektiven bietet. Manchen erscheint diese Art des gleichberechtigten Umgangs zwischen Therapeut und Klient vielleicht auch fast schon revolutionär. Und vielleicht empfinden Sie auch Unbehagen bei dem Gedanken an so viel eigene Kompetenzen. Dann wählen Sie eben eine andere Therapieform für sich, und das ist dann auch richtig und gut so.

Eine **Wohlfühltrance** immer wieder einmal im Alltag zu erleben, bringt für die körperliche und seelische Gesundheit großen Gewinn. Gerade im Ausgleich zu vielen stressigen Faktoren, die der Beruf oder die Familie mitunter mit sich bringen, kann die innere Ruhe und Geborgenheit einen vorbeugenden oder heilenden Effekt darstellen. Das Immunsystem ist mit einem solchen Training seinen vielfältigen Aufgaben viel wirkungsvoller und zuverlässiger gewachsen, und Sie bestimmen so Ihre Gesundheit zu einem erheblichen Anteil selbst mit.

Und diesen Vorsatz haben viele Menschen schon lange in die Tat umsetzen wollen. Wohlfühltrancen bieten diese Möglichkeit perfekt und ohne Tabletten, Nahrungsergänzungsstoffe oder technische Geräte und dazu noch kostenlos. Allerdings ist Regelmäßigkeit gefragt. Aber wer Tag für Tag seine Aufmerksamkeit und Arbeit in den Dienst der Familie oder der Firma stellt, wird sicher auch viermal in der Woche dreißig Minuten Zeit für das eigene Wohl investieren können.

Mit der Selbsthypnose haben sie ein mächtiges Werkzeug an der Hand, um Ihr Leben maßgeblich in die gewünschten Bahnen zu lenken. Natürlich ersetzt sie ebenso wie dieses Buch keine Psychotherapie. Aber Sie zeigt Ihnen Wege auf, die sich immer an dem eigenen Maßstab orientieren, hilft Ihnen, Ihre Ziele sicher zu erreichen und setzt konsequent mit der Hilfe Ihres Vorbewussten Ihre Änderungswünsche im Alltag um. Übung macht wie sonst auch hier den Meister. Nach einiger Zeit der konsequenten »Arbeit« mit der Selbsthypnose werden Sie aber über die Auswirkungen in Ihrem Leben überrascht und begeistert sein, so dass Ihr Einsatz sich ohne Frage immer lohnt. Und da Sie jetzt sicher sein können, dass Sie Ihre Wünsche und Pläne mit Hilfe des Vorbewussten umsetzen werden, ist es nur richtig, wenn alte Zweifel nun ein für allemal gelassener Geduld weichen müssen. Das ist ganz bestimmt so. Mit der Selbsthypnose wird es sicher gelingen, Ihr Leben authentisch und selbstregulativ zu gestalten.

Wenn Sie dieses Buch nur aus reinem Interesse gelesen haben, weil Sie das Thema schon seit jeher irgendwie faszinierte und Sie sonst davon nicht weiter profitieren möchten, sei Ihnen für Ihre Aufmerksamkeit und Geduld gedankt. Ganz sicher werden Sie nicht dem Irrtum verfallen, sich als »depressiv« oder »ausgebrannt« oder »angstgestört« zu erleben, nur weil das eine oder andere Symptom in diesem oder jenem Kapitel genau auf Sie zu »passen« schien.

Aber bei aller Wertschätzung für Trancezustände und Hypnose sollte der Schwerpunkt des Lebens schon das Leben bleiben. Jeder Tag bietet so unendlich viele Möglichkeiten, Neues zu entdecken, Vertrautes wiederzuerkennen und die eigenen Fähigkeiten dabei in Anspruch zu nehmen, dass man alle Sinne voll zu tun hat, um diese Angebote zu genießen. Natürlich gibt es immer wieder auch Probleme. Aber ohne Probleme gibt es nun einmal keine Lösungen, so wie es ohne Fragen eben keine Antworten gibt. Und wie wollten Sie die Sonnenseiten freudig begrüßen, wenn Sie nicht auch die Schattenseiten kennen würden?

Wenn dabei mit der Selbsthypnose rechts neben Ihnen als Begleiter die Sicherheit zu finden ist, und wenn mit der Wohlfühltrance links neben Ihnen die Zuversicht an Ihrer Seite ist, was sollte Ihnen dann schon noch passieren?

Danksagung

Mein Dank gilt meinen Patienten, die mit ihrem Vertrauen und ihrer Offenheit eine gemeinsame Arbeit und Erfahrung möglich gemacht haben.

Meine Frau Kornelia hat mit großer Klarheit und einer absoluten Sicherheit sprachlich und inhaltlich dieses Buch begleitet, auch dafür bin ich sehr dankbar.

Und mein Dank gilt Susanne Frank und dem Heinrich Hugendubel Verlag, die meine Arbeit an diesem Buch einen wohltuenden Freiraum ermöglichten.

Über den Autor

Dr. med. Wolfgang Blohm, geboren 1949, gründete 1998 die erste Hypnoseklinik Deutschlands in Wyk auf Föhr. Bislang führte er ca. 20 000 hypnotherapeutische Sitzungen durch. Außerdem entwirft Dr. Blohm Seminare und Coachingkonzepte für die Pharmaindustrie und arbeitet im Forschungsbereich mit der Universität Tübingen zusammen.

Literatur

Alman, Brian M./Lambrou, Peter T.: *Selbsthypnose. Das Handbuch zur Selbstbehandlung*, Heidelberg 1996.

Bartsch, H. H., J. Bengel (Hg.): *Salutogenese in der Onkologie*, o. O. 1997.

Bongartz, Walter (Hg.): *Hypnosis: 175 Years after Mesmer. Recent Developments in Theory and Application*, Konstanz 1992.

Boscolo, Luigi/Bertrando, Paolo: *Systemische Einzeltherapie*, Heidelberg 1997.

Boscolo, Luigi/Cecchin, Gianfranco/Hoffmann, Lynn/Penn, Peggy: *Familientherapie – Systemtherapie. Das Mailänder Modell*, Dortmund 1988.

Brandl-Nebehay, Andrea/Rauscher-Gföhlern, Bilie/ Kleibel-Arbeithuber, Juliane (Hg.): *Systemische Familientherapie*, Wien 1998.

Ducan, Barry L., u.a.: *Aussichtslose Fälle*, Stuttgart 1998.

Erickson, Milton H./Rossi, Ernest L./Rossi, Sheila L.: *Hypnose. Induktion. Therapeutische Anwendung. Beispiele*, München 1994.

Farrelly, Frank/Brandsma, Jeffrey M.: *Provokative Therapie*, Berlin/Heidelberg 1986.

Gilligan, Stephen: *Therapeutische Trance. Das Prinzip Kooperation in der Ericksonschen Hypnotherapie*, Heidelberg 1995.

Grawe, Klaus/Donati, Ruth/Bernauer, Frederike: *Psychotherapie im Wandel: Von der Konfession zur Profession*, Göttingen 1994.

Haley, Jay: *Gemeinsamer Nenner Interaktion. Strategien der Psychotherapie*, München 1987.

O'Hanlon Hudson, Patricia/ O'Hanlon Hudson, William: *Liebesgeschichten neu erzählen. Ein Lehrbuch für Paare und Therapeuten*, Heidelberg 1997.

Kossak, Hans-Christian: *Hypnose. Ein Lehrbuch*, München 1989.

Kropiunigg, Ulrich: *Psyche und Immunsystem. Psychoneuroimmunologische Untersuchungen*, Wien/New York 1990.

LeShan, L.: *Psychotherapie gegen den Krebs*, Stuttgart 1997.

Madanes, Cloé: *Sex, Liebe und Gewalt. Therapeutische Strategien zur Veränderung*, Heidelberg 1997.

Madelung, Eva: *Kurztherapien: Neue Wege zur Lebensgestaltung*, München 1996.

Mills, Joyce/Crowley, Richard, J.: *Therapeutische Metaphern für Kinder und das Kind in uns*, Heidelberg 1996.

Retzer, Arnold/Simmon, Fritz B.: »Grundlagen systemischer Therapie schizophrener Psychosen«. In: *Psychotherapie der Psychosen*. Stuttgart/New York 2001, S. 61-72.

Retzer, Arnold: »Systemische Psychotherapie: theoretische Grundlagen, klinische Anwendungsprinzipien«. In: *Psychiatrie und Psychotherapie.* Heidelberg/New York 2000, S. 720-744.

Retzer, Arold: *Passagen*, Stuttgart 2002.

Revenstorf, Dirk/Zeyer, Reinhold: *Hypnose Lernen. Leistungssteigerung und Stressbewältigung durch Selbsthypnose*, Heidelberg 1997.

Rosen, Sydney (Hg.): *Die Lehrgeschichten von Milton H. Erickson*, Hamburg 1990.

Rossi, Ernest L.: *Die Psychobiologie der Seele-Körper-Heilung: neue Ansätze der therapeutischen Hypnose*, Essen 1991.

Rossi, Ernest L. (Hg.): *Gesammelte Schriften von Milton H. Erickson, Bd. 1: Vom Wesen der Hypnose*, Heidelberg 1995.

Schedlowski, Manfred/Tewes, Uwe (Hg.): *Psychoneuroimmunologie*, Heidelberg/Berlin/Oxford 1996.

Scholz, Wolf-Ulrich: *Hypnose und Hypnotherapie*, Mannheim 1996.

Schweizer, Jochen/ Schlippe, Arist von: *Lehrbuch der systemischen Therapie und Beratung*, Göttingen 1996.

Shazer, Steve de: *Der Dreh. Überraschende Wendungen und Lösungen in der Kurzzeittherapie*, Heidelberg 1997.

Shazer, Steve de: *Das Spiel mit Unterschieden: Wie therapeutische Lösungen lösen*, Heidelberg 1994.

Shazer, Steve de: *Wege der erfolgreichen Kunsttherapie*, Stuttgart 1989.

Siegel, B.: *Mit der Seele heilen*, München 1991.

Simon, Fritz B.: *Meine Psychose, mein Fahrrad und ich*, Heidelberg 1991.

Stierlin, Helm/Simon, Fritz B./Schmidt, Gunther: *Familiäre Wirklichkeiten. Der Heidelberger Kongress*, Stuttgart 1987.

Stierlin, H./Grossarth-Maticek, R.: *Krebsrisiken – Überlebensschancen*, Heidelberg 1998.

Trenkle, Bernard: *Das Ha-Ha-Handbuch der Psychotherapie. Witze – ganz im Ernst*, Heidelberg 1997.

Zeig, Jeffrey K.: *Die Weisheit des Unbewussten. Hypnotherapeutische Lektionen bei Milton H. Erickson*, Heidelberg 1995.

Glossar

Adrenalin: Hormon und Nervenüberträgersubstanz aus der Nebenniere; ist bei Stress erhöht, verengt Gefäße, steigert den Herzschlag, verursacht Unruhe und erhöht die Alarmbereitschaft des Körpers.

Allergien: Änderung der Reaktionsfähigkeit des Immunsystems gegenüber körperfremden, eigentlich unschädlichen Substanzen, die dann zu bedrohlichen Zuständen wie Atemnot, Hautausschlägen oder Schockzuständen führen können.

Angst: als unangenehm empfundene, gleichwohl lebensnotwendiger gefühlsmäßiger Zustand mit dem Bemühen der Vermeidung oder Abwehr einer Gefahr und Begleiterscheinungen wie Unsicherheit, Unruhe, Panik, Bewusstseins- und Wahrnehmungsstörung. Anstieg der Puls- und Atemfrequenz, Übelkeit, Zittern, Schweißausbrüche.

Antikörper: große Eiweißmoleküle, die von Lymphocyten gebildet werden und sich an Krankheitserreger, Tumorzellen oder artfremde Substanzen anheften, so dass diese vernichtet werden können.

Autogenes Training: Selbstentspannung nach J. H. Schultz. Bei der durch die lautmalerische Vorstellung der betreffende Wörter das Empfinden von Schwere, Kühle, Wärme und Luftströmung eingeübt werden soll, um damit eine unterschiedlich tiefe Entspannung bewusst herbei zu führen.

Burn-out (Burn-out-Syndrom): Zustand des Ausgebranntseins, als Sinnkrise erlebte Phase im Berufsleben und familiären Alltag verbunden mit zahlreichen Symptomen wie Müdigkeit, Schlaflosigkeit, Depressionen, Konzentrationsstörungen.

Cortisol: körpereigenes Hormon, welches den Stoffwechsel steigert und den Körper dadurch zu Höchstleistungen befähigt. Es hemmt die Entzündungsreaktionen im Körper und schwächt das Immunsystem.

Cortison: Medikamentöser Ersatzstoff für das körpereigene Hormon.

Cytokine: in verschiedenen Körperzellen gebildete Überträgersubstanzen, die das Zellwachstum oder die Reifung von Blutzellen stimulieren, das Wachstum von Viren hemmen oder Fieber auslösen können.

Depression: Empfindungsstörung unterschiedlicher Schweregrade, die geprägt ist von den Grundgefühlen der Sinnlosigkeit, der Hoffnungslosigkeit oder der inneren Leere, verbunden mit Antriebsarmut, hohem Schlafbedürfnis und Einsamkeit.

Einladung: Vorschläge des Therapeuten, sich mit einer bestimmten Aufgabenstellung zu befassen, im hypnotherapeutischen Bereich auch als Suggestion bezeichnet.

Entscheidungen: bei Entscheidung gilt vor allem eines: Entscheidungen haben Konsequenzen.

Erickson, Milton H.: 1901-1980. Amerikanischer Arzt und Psychiater, Begründer der modernen Hypnosetherapie, genialer Therapeut. Begründer der Aussage, dass jeder seine Probleme lösen kann, wenn man seine Ressourcenkammer öffnet. Begründer der These, dass man die Symptome des Patienten und seine Wertesysteme nutzen soll bei der Therapie.

Fibromyalgie: schmerzhafte Erkrankung der Muskel, Sehnen und des Bindegewebes in sehr unterschiedlichem Ausmaß, tritt völlig unvermittelt auf, ist kaum therapierbar, Ursache ist unbekannt, wird dem rheumatischen Formenkreis zugeordnet, manche Autoren sehen einen psychosomatischen Hintergrund.

Fresszellen: wegen ihrer Größe auch Makrophagen genannt, sind Bestandteil der weißen Blutzellen und sind in der Lage, bei Entzündungen Bakterien und erkrankte Zellen zu »fressen«.

Freud, Sigmund: 1856-1939, Neuropathologe und Psychiater, Begründer der Trieblehre und der Psychoanalyse; weitere Arbeitsgebiete waren die Traumdeutung und verschiedene theoretische Grundlagenmodelle der Psychotherapie.

Granulocyten: zu den Leukozyten gehörende Zellen, die im Rahmen der Entzündungsabwehr aus ihren Zellbläschen (Granula) immunwirksame Substanzen freisetzen können.

Halluzination: Trugwahrnehmung oder Sinnestäuschung, bei der die Wahrnehmung kein reales Objekt hat. Es kann sich dabei um das Hören von Stimmen handeln oder um das Sehen nicht wirklich existenter Bilder.

Helferzellen: sind in der Lage, Antikörper zu bilden, die genau für die Eindringlinge »passen« und sich dort anheften, dadurch können die Krankheitserreger oder Tumorzellen von den anderen Fresszellen eliminiert werden; die Lymphocyten verfügen auch über ein »Zellgedächtnis«, so dass ähnliche Erreger zu einem späteren Zeitpunkt sofort »erkannt« und eliminiert werden können; auf diesem Wiedererkennungsprinzip beruhen alle Impfungen.

Hörsturz: Plötzlich auftretende, meist einseitige Schwerhörigkeit oder totaler Hörverlust; klingt meistens spontan nach einer Woche wieder ab, hat mitunter einen Tinnitus zur Folge.

Hypnose: Zustand und Vorgang erhöhter innerer Aufmerksamkeit, in dem die Vorstellungskraft und die Gefühle im Mittelpunkt der Wahrnehmung stehen und die äußeren Sinneseindrücke in den Hintergrund treten; daneben verändern sich zahlreiche körperliche und seelische Reaktionen.

Hypnotiseur: Person, die Hypnose mit einem Probanden ausübt.

Immunologie: die Lehre von der Körperabwehr.

Immunsystem: körpereigenes Abwehrsystem, das körperfremde Substanzen und anormale Körperzellen durch die Bildung von Abwehrzellen und bestimmten Überträgerstoffen aussortiert und vernichtet.

Killerzellen: Diese Zellen aus der Lymphocytenreihe sind in der Lage, fremde Mikroorganismen direkt »anzugreifen« und zu zerstören, das Maß ihrer Aktivität lässt sich im Labor bestimmen und wird als Hinweis auf die intakte Funktion des Immunsystems gewertet; Adrenalin steigert akut die Produktion der Killerzellen.

Krebs/Krebszellen: atypische Zellen, denen die Eigenschaften der normalen Zellen fehlen, mit sehr schnellem Zellwachstum, so dass keine Blutgefäße zur Ernährung mitwachsen können, wodurch es zur Ausbildung von zerfallenden Krebsgeschwüren kommen kann; durchwachsen benachbarte Organe und bilden Tochtergeschwülste und Absiedlungen in anderen Körperbereichen (Metastasen).

Lymphe: hellgelbe Flüssigkeit, die aus Lymphplasma und Lymphkörperchen besteht, wird durch Gewebespalten bzw. durch die Lymphgefäße über die Lymphknoten dem Blutkreislauf zugeführt.

Lymphknoten: Schaltstationen des Lymphsystems, das neben dem Blutgefäßsystem den Körper überzieht; sind Orte erhöhter Immunreaktion und begrenzen die Ausbreitung von Entzündungen.

Lymphocyten: siehe Helferzellen.

Lymphsystem: Kreislauf im Körper, der parallel zum Blutgefäßsystem geschaltet ist und so jede Zelle erreicht; befördert die Lymphe mit sehr vielen Abwehrzellen.

Makrophagen: siehe Fresszellen.

Manisch: krankhafte Veränderung des Gemüts mit Erregung, gehobenem Selbstgefühl, dem Drang zur Selbstüberschätzung, Ideenflucht, Beschäftigungsdrang.

Manometer: Gerät zum Messen des Drucks von Gasen und Flüssigkeiten oder Luft.

Meditation: ähnlich wie Autogenes Training oder Yoga bietet die Meditation die Möglichkeit, sich in sich selbst zu versenken, und für einen bestimmten Zeitraum äußere Einflüsse nicht mehr wahrzunehmen mit dem Ziel der Bewusstseinserweiterung und Entspannung.

Mesmersche Methode: Franz Anton Mesmer, geb. 1734. Begründer des Mesmerismus, die eine magnetische Energie für die Hypnosewirkung verantwortlich machte. Er war Philosoph, Theologe, Jurist und Mediziner, gilt als Aufklärer und Entmystifizierer der Hypnose. Die Grundlage seiner hypnotischen Tätigkeit bildete die Vorstellung eines Magnetismus, einer physikalischen Energie. Die Veränderungen dieser Energie hatten seinen Grundsätzen zufolge krank machende Folgen.

Migräne: anfallartige, periodisch auftretende, pulsierende und einseitige Schmerzen des Kopfes, häufig verbunden mit Übelkeit, Unerträglichkeit von Lärm und Licht, tränenden Augen oder einer Aura (Lichtkranzsehen).

Milz: sehr blutreiches Organ im linken Oberbauch mit der Hauptaufgabe das Blut zu filtern und zelluläre Schadstoffe oder Bakterien zu eliminieren.

Mobbing: gezieltes Belästigen und Diffamieren am Arbeitsplatz, häufig unter Einsatz von Intrigen und Unwahrheiten mit dem Ziel, die betreffende Person zu einem Wechsel des Arbeitsplatzes zu zwingen.

Muskelrelaxation nach Jacobson: dies ist ein Entspannungsverfahren, bei dem zunächst die Muskeln angespannt werden, um im Kontrast dazu besonders intensiv die Entspannung zu erleben.

Ordeal: ist amerikanischen Ursprungs und bedeutet soviel wie: ungewollte oder paradoxe Anordnung der man nur ungern Folge leistet, sich aber im Rahmen der Therapie dazu verpflichtet hat.

Proband: Person, die zu wissenschaftlichen Zwecken beobachtet wird.

Psychisch: seelisch.

Psychoneuroimmunologie: »Psycho« steht für Seele, »Neuro« bezeichnet den Anteil der Nerven, und Immunologie ist die Lehre der Immunabwehr; Wissenschaft die sich mit den Zusammenhängen von Körper und Seele und ihren vielfältigen Wechselwirkungen beschäftigt.

Psychosomatisch: seelisch bedingte körperliche Organ.

Psychotherapie: bezeichnet im allgemeinen die Behandlung von psychischen Leiden (z.B. bei Neurosen, psychischen Fehlleistungen etc.) durch seelische Beeinflussung.

Stress: als Anspannung, Druck oder Aufregung auftretendes Gefühl in belastenden Situationen, bei engen zeitliche Anforderungen oder im Leistungsbereich; äußert sich in zahlreichen körperlichen Beschwerden und führt dauerhaft zu körperlichen Schäden und senkt die Immunleistung.

Szintigramm: Die Bilddarstellung eines nuklearmedizinischen bildgebenden Verfahrens unter Verwendung möglichst kurzlebiger Radionuklide (Gammastrahlen) in den zu untersuchenden Organen.

Tinnitus: lat . Ohrgeräusch; spontan oder im Anschluss an einen Hörsturz auftretendes Innenohrgeräusch von sehr leisem bis sehr belastend lautem Charakter bei unbekannter Ursache, fast immer chronisch.

Thymusdrüse: liegt hinter dem Brustbein und ist für die Immunreifung verantwortlich.

Tonsillen: Rachenmandeln oder Tonsillen am hinteren Rachenring mit wichtigen Aufgaben der Immunabwehr für diesen Bereich.

Trance: zeitweilige innere Aufmerksamkeit mit der Konzentration auf die eigene Vorstellung, Gefühle und Eindrücke bei Ausblendung der äußeren Einflüsse, eingeleitet durch einen Therapeuten oder durch eigene Techniken wie Selbsthypnose, autogenes Training, Musik, Tanz oder Gesang und rhythmische Bewegung.

Unterbewusstsein: seelisch-geistige Vorgänge, die dem bewussten Erleben nicht direkt zugänglich sind und durch Hypnose oder Selbsthypnose beeinflusst werden können.

Register